Otto Neitzel

Camille Saint-Saens

Otto Neitzel

Camille Saint-Saens

ISBN/EAN: 9783744697668

Hergestellt in Europa, USA, Kanada, Australien, Japan

Cover: Foto ©ninafisch / pixelio.de

Weitere Bücher finden Sie auf **www.hansebooks.com**

CAMILLE SAINT-SAËNS

VON

OTTO NEITZEL

1043

BERLIN 1899

»HARMONIE«

VERLAGSGESELLSCHAFT FÜR LITERATUR UND KUNST.

Gedruckt bei Imberg & Lefson in Berlin SW.

VORWORT.

Zwar soll dem bekannten französischen Sprichwort zu Folge nur der erste Schritt mühsam sein. Aber wenn dieser erste Schritt auf ungeebneter Strasse zu vollführen ist, so wächst die Mühe beträchtlich, und der Wanderer hat nicht nur gehen zu lernen, er muss auch die Strasse ebnen, auf der er gehen will.

In ähnlichem Falle befindet sich der Verfasser einem Saint-Saëns gegenüber. Seinen Ruhm preist die alte und die neue Welt, in Deutschland leuchtete er auf, um dann nach Frankreich zurückzustrahlen und schnell die ganze musikalische Welt zu erhellen. Das hindert nicht, dass es mit dem biographischen Material über ihn, ja mit eingehenden Würdigungen seines Schaffens und Wirkens äusserst kärglich bestellt ist und dass nach den Versicherungen des Freundes und Hauptverlegers seiner Werke Auguste Durand dieses die erste ausführliche Schrift über ihn im Umfang eines Buches ist. Die Festschrift, die anlässlich seines 50jährigen Künstlerjubiläums von den Herren de Fourcauld und Lindenlaub veröffentlicht wurde, die Ascanio-Nummer der Nouvelle Revue aus dem Jahre 1890, eine Artikelreihe von Adolphe Jullien in seinem Buch Musiciens d'aujourdhui (Paris, 1892), mehrere Notizen in Coquards La Musique en France depuis Rameau (Paris, Calman Levy, 1891), von deutscher Seite M. Charles' (Max Chops) Zeitgenössische Tondichter Neue Folge (Leipzig, Rossberg), ein Artikel von Charles Gounod in seinen »Aufzeichnungen eines Künstlers«, deutsch von E. Bräuer (Breslau, Leipzig, Wien, L. Frankenstein 1896), der eigentlich nur von Heinrich VIII, handeln will, aber dabei sehr zutreffende und geistvolle Worte über den Componisten unterfliessen lässt, sind etwa alles, was an gedrucktem Quellenmaterial aufzufinden war. Persönliche Erinnerungen und Mittheilungen von Freunden des Componisten dienten zur Vervollständigung des dort geschöpften Bildes. Im Uebrigen ist von dem äusseren Lebensgange unsers Helden nicht viel zu berichten, er ist stets eine arbeitsame, in sich gekehrte Natur gewesen, die den Kämpfen des Lebens, der Geltendmachung seiner Persönlichkeit die Ruhe seines Studirzimmers und den Frieden der jungfräulichen, möglichst wenig von der Civilisation aufgestörten Natur vorgezogen hat, und der das, was er dachte und empfand, seinen Tonwerken anvertraut hat. Auf diese ist denn in dem vorliegenden Versuch einer erschöpfenden kritischen Würdigung auch der Hauptaccent gelegt worden. In dem erwähnten Auguste Durand, der in der Beschaffung der gewünschten Musicalien und Notizen eine unerschöpfliche Bereitwilligkeit entwickelte, ist dem Verfasser bei dieser Arbeit ein treuer Helfer erstanden.

Köln, November 1898.

OTTO NEITZEL.

Inhalts-Verzeichniss.

ALLGEMEINE WÜRDIGUNG UND BIOGRAPHISCHES.

Die Heroen der Tonkunst lassen sich im Allgemeinen in zwei Klassen theilen, solche, die den wesentlichen Inhalt ihrer Kunst in sich aufnehmen, ihn verarbeiten und das Verarbeitete nun in selbstständig empfundenen und gestalteten Kunstwerken von sich geben, und die andern, welche weniger erschöpfend und umfassend bei der Gewinnung der Erkenntniss des Kunstinhalts vorgehen, einzelnen Erscheinungen ein vorwiegendes Interesse abgewinnen, während sie an andern achtlos vorübergehen, und denen diese Erkenntniss dann zum Schwungbrett wird, um eigne Pfade aufzufinden, eigne Weisen und Verwendungsmethoden zu ersinnen. Die ersten sind die Conservativen, die zweiten die Fortschrittler in der Musik, man könnte jene auch die musicalischen Rentiers nennen, insofern als sie von dem aufgespeicherten Capital die Zinsen erheben, diese die Grossindustriellen oder auch die Erfinder, insofern ihnen ihr Capital, zumeist weit kleiner als das der Rentiers, dazu dient, einen grossen »Coup« zu wagen, die Welt mit neuen Erfindungen zu überraschen. Von den beiden Componisten, die seit Gounod die Herrschaft in Frankreich an sich gerissen haben, gehört Saint-Saëns zur ersten, Bizet zur zweiten Klasse.

Wie Bizet in seinen reifsten Werken stets ein gewisses, dem genauen Beobachter seiner Werke immer vertrauter werdendes Gepräge zur Schau trägt, das ihn von andern unterscheidet, wie er in Themen, in der Arbeit, in den Klangeffecten gern Bahnen einschlägt, die noch nicht vorher beschritten wurden, so ist an den Werken Saint-Saëns', bis auf wenige, zu denen in erster Reihe seine dritte Symphonie (mit Orgel) zu zählen ist, nichts, was sich nicht an irgend ein voraufgegangenes Muster anlehnte. Es ist, als ob seine tiefe und umfassende Literaturkenntniss sich nicht mit demjenigen Wagemuth, der zur Entfaltung einer ausgeprägten Eigenart erforderlich ist, vertrüge. Wohl aber ist unter seinen Werken kaum eins zu finden, das den Eindruck der Nachahmung erweckte. Mögen seine Töne auch noch so ebenmässig dahinfliessen und sich zu noch so überschaulichen Gebilden und Sätzen aufbauen, man wird stets durch die ganze Art, wie diese Töne sich geben, wie sie von dem Gewöhnlichen abweichen, gefesselt, man empfängt

1

stets den Eindruck einer bedeutenden künstlerischen Persönlichkeit, deren jede Aeusserung des Hörens, der liebevollen Empfänglichkeit würdig ist.

Das, was uns als charakteristisches Merkmal aus allen seinen Werken entgegentritt, ist ein eminenter musicalischer Kunstverstand. Gegen ihn tritt der überquellende Empfindungsdrang als Urschöpfer des Kunstwerks in den Hintergrund. Wohl weiss letzterer sich in zahlreichen seiner Schöpfungen mit dem Kunstverstand glücklich zu verbinden; ohne diesen tritt jener nirgends auf, dagegen giebt es Werke genug, in welchen der Kunstverstand den Empfindungsdrang überwiegt. Wir werden keiner Ungeschicklichkeit der Arbeit, keiner unnatürlichen, steifen, linkischen Accordfolge, keiner gequälten Contrapunctik bei ihm begegnen; das Mindeste, was er giebt, ist schöne, anmuthig fliessende Arbeit als Folge jenes Kunstverstandes. Dagegen werden wir bei ihm manchmal das Stürmen, die Conflicte der Leidenschaft vermissen, obschon er auch hier, wie die genannte Symphonie, wie seine Sonate in C-moll für Clavier und Violincell und vor allem der zweite Act seiner Oper Samson beweisen, mächtiger in die Saiten zu greifen versteht, als man es ihm nach seinen symphonischen Dichtungen, seinen Kammermusikwerken zutraut.

Er hat sich eben gesagt: dieses kann ich, jenes steht mir nicht immer zu Gebote, und darum hat er sein Naturell ausgenutzt, sich in seinen Werken ausgelebt, wie er es konnte.

Nun ist weiter klar, dass ein so eminenter Kunstverstand, wie der seine, noch da ergiebigste Hülfsquellen entdeckt, wo der nur von unmittelbarem Schaffensdrange Erfüllte steiniges Brachfeld erblickt. Und so besteht Saint-Saëns' Bedeutung weiter in einem ausserordentlichen Reichthum von Ausdrucksnüancen und Gestaltungsmethoden.

Aber was jeden andern verwirren und erdrücken würde: diese fast unübersehbaren Register seiner musicalischen Riesenorgel, — seine Besonnenheit lässt ihn stets die richtige Wahl treffen, das angemessenste Register ziehen. Er scheidet alles Nebensächliche, Spröde, Musikwidrige aus, um den zutreffendsten Ausdruck für das, was er sagen will, herauszuschälen. Auch ist er nicht mehr der tonfreudige Ausspinner der Ideen, wie ihn die classische Zeit gebar; er ist knapp und ökonomisch, er prüft seine Arbeit dreimal, ehe er sie in die Oeffentlichkeit entlässt. Ihr haftet bei allem Fluss, bei aller Formungslust eine peinliche Gewissenhaftigkeit an, wie sie den Porzellangruppen der berühmten Manufacturen zu eigen ist.

Noch ein drittes Element ist es, was seinen Werken eine besondere Bewerthung sichert, es ist sein Klangsinn. Es giebt wenige Stellen bei ihm, die nicht auch neben jener musicalischen Intelligenz, neben jenem Ausdrucksreichthum auch durch die Art, wie sie auf den Instrumenten hervorgebracht werden, sei es durch eine Lage von besonderm Klangreiz, sei es durch bestimmte Klangcombinationen, sei es durch die dynamischen Schattirungen und ihre tausendfältigen Verbindungen, das Ohr fesselten.

Wohl verbindet ihn mit den Klassikern eine grosse Vorliebe für das Schlichte und Natürliche. Wenn ein Weg durch das Dickicht, der andre über lachende Wiesengründe führt, so entscheidet er sich sicher für den zweiten, auf die Gefahr, von den musicalischen Umstürzlern nicht für voll angesehen zu werden. Jeder Schwulst, jede polyphone Ueberladung, jedes Schwelgen in Modulationen ist ihm verhasst: auch seine ernstesten Sätze athmen Frühlingsluft. Es sind das lauter Wege, die zu einem Bunde von

Geist und Schönheit führen, den wir heute um so höher veranschlagen müssen, je seltener er ist, je mehr er vor dem Ansturm der Eindringlichkeit und Charakteristik die Flucht ergriffen hat. Dieser Bund ist es auch, der den Pianisten und Dirigenten in ihm auszeichnet. Jede Kraftgenialität ist ihm fremd, wie jede Sucht, durch Entfaltung von Bravour und Ungestüm Sensation zu erwecken und die Aufmerksamkeit des Zuhörers von dem Kunstwerk abzuziehen, was nicht ausschliesst, dass er dem Publicum gelegentlich für ein Bravo durch eine kleine Nippsache, wie er deren selber zu schaffen nicht verschmähte, dankt. Aber obenan steht ihm stets der Zweck, das Kunstwerk in anregender Auffassung zu höchst möglicher Schönheit der Erscheinung zu bringen. Als Pianist darf er als eine der vollendetsten Verkörperungen der französischen Art Clavier zu spielen gelten. Sein Passagenspiel ist in seiner Rundheit und Eleganz unerreicht, seine Phrasirung von äusserster Grazie und Gefälligkeit, seine Gruppirung nicht von Bülow'scher Schärfe, aber stets klar und durchsichtig. Die feine Ausarbeitung steht ihm höher als das wild aufbrausende Temperament, dem es auf einige zertretene Tonblumen nicht ankommt. Man darf sein Spiel zuweilen kühl nennen, nie aber unschön und stets interessant. Als Dirigent jedes Hülfsmittel der neuerdings so sehr in Aufnahme gekommenen körperlichen Beredsamkeit verschmähend, die für die Musiker überflüssig und nur für denjenigen Zuhörer erwünscht ist, der nicht genug Gehör besitzt, um zu hören, überwacht er doch den ganzen Organismus.

Es ist klar, dass einem so vielseitig begabten Geist kein einziges Gebiet der musicalischen Kunst verschlossen bleiben konnte, und wirklich hat er in rastlosem Vorwärtsdringen jedes in Angriff genommen, auf jedem Lorbeeren errungen, eine ausgenommen, deren Erwähnung dies Buch abschliessen mag. Wo wäre jener Kunstverstand unentbehrlicher als in der Kammermusik! er ist unter ihren hervorragendsten Vertretern zu nennen. Wo wäre der Klangsinn erwünschter als in den symphonischen Dichtungen? sie waren es, die ihm zuerst einen Weltruf verschafft haben. Und jener Gewähltheit des Ausdrucks, jener Feinheit der Ausmeisselung ist er auch in seinen Opern nicht untreu geworden, trotzdem er den Unterschied zwischen Oper und absoluter Musik so scharf erkannt hat, dass nicht einmal sein Samson ernstlich als Concertoper zu bezeichnen ist; aber freilich hat er sich durch die Ausspielung seiner vollen Musikernatur in den Opern in einen immer mehr verschärften Gegensatz zu dem einst von ihm bewunderten Wagner gestellt. Und wenn der Schwerpunkt seines Schaffens auch, von Samson abgesehen, bis jetzt nicht auf das dramatische Gebiet gerathen ist, so hat er doch den Auswüchsen des Wagnerismus einen Damm entgegengesetzt, indem er zeigte, dass Opern im früheren Stil mit kluger Ausnützung der Wagnerschen Fortschritte geschaffen werden könnten, ohne dass sie aufhörten, gute Musik an sich darzustellen, und dass es nicht nöthig ist, dass der Dramatiker, oder wie es oft heissen müsste der Theatraliker und der reformsüchtige Bühnenmystiker den Musiker vergisst.

Auf diesem Gebiet nicht unumstritten, hat er die religiöse Musik, die ihm durch seine lange Thätigkeit als Organist der Madeleine-Kirche in Paris vertraut wurde, um manches herrliche Werk bereichert.

Insofern er der musikalischste und dabei mit ausgesprochenstem Schönheitssinn begabte Geist der Gegenwart ist, darf er wohl auf den Titel einer Incarnation des musikalisch schönen Zeitgeistes Anspruch erheben, in welchem alle Fäden, welche die Tonkunst in ihrer unermüdlichen Werdekraft spinnt, zu einer harmonischen Persönlichkeit zusammenlaufen.

* * *

Sein Lebensgang, zuerst so dornenvoll wie bei den meisten Auserwählten, die den Weihekuss der Muse empfingen, trug dazu bei, die vorgenannten Eigenschaften in ihrer Vielheit wie in ihrer Intensität zu entfalten. Charles Camilles Saint-Saëns wurde in Paris, 3 rue du Jaudinet, am 9. Oktober 1835 geboren. Auch er macht von dem Vererbungsgesetz, das in der Musik noch eine grössere Rolle zu spielen scheint, als in den übrigen geistigen Disciplinen, keine Ausnahme. Ein Grossvater mütterlicherseits, der Ende des vorigen Jahrhunderts lebte, wird sogar als Verfertiger einer Art Harmonium genannt. Seine Grosstante, die ihn in ihr Herz geschlossen hatte und die er seine »gute Mama« zu nennen pflegte, besass ein mehr als gewöhnliches Musikverständniss. Seiner Mutter hat er in dem Gedicht, mit dem er bei seinem Jubiläum auf den frenetischen Jubel seiner Zuhörer erwiderte, ein schönes Denkmal gesetzt. Er bekennt darin, dass sein Musikerberuf einem heissen Herzenswunsch von ihr entsprach, der lange gefasst war, bevor er zur Welt kam. Und so mag sich denn wohl diese Sehnsucht der musikalischen Frau durch einen jener geheimnissvollen, physiologisch gewiss nicht unerklärlichen Vorgänge, die bei der Vererbung eine so wichtige Rolle spielen, wie ein Siegel in das Wachs so in den Organismus des Werdenden eingedrückt haben. Dafür zeugte wenigstens eine Frühreife Camilles, welche diejenige eines Mozart wohl noch übertraf. Der Mutter ganzes Sinnen war darauf gerichtet, in dem kaum zum Bewusstsein seiner selbst erwachten Knaben die musikalische Seele wachzurufen. Um das Gehör zu bilden, stellte sie die Uhren der Wohnung so, dass das Schlagwerk der einen das der nächsten ablöste. Der Kleine lauschte eifrig auf die Glockenschläge und eilte, sie auf dem Clavier nachzutippen. Von daher schreibt sich wohl die Lust des Componisten, alle Geräusche, denen er begegnet, das Rollen der Wagen, mehr noch das Hämmern in den Schmiedewerkstätten, die Kirchenglocken, das Zirpen der Insecten auf ihre Grundtöne hin zu analysiren, ein Vergnügen, dem er heute noch gern fröhnt. Zwei und ein halbes Jahr war er alt, als er die erste regelmässige Unterweisung im Clavierspiel erhielt, drei Jahre, als er mit dem Instinct des musikalischen Wunderkindes (höherer Gattung, nicht der armen dressirten Clavierspielmaschinen) Noten lesen und schreiben lernte. Seine ersten Compositionsversuche entstammen einem Alter von fünf Jahren. Stamaty unterwies ihn im Clavierspiel, Maleden in der Theorie. Gern und häufig gab er sich der Improvisation hin. Unterdess vervollkommnete er sich so erstaunlich, dass er 1846 im Alter von zehneinhalb Jahren in seinem ersten Concert im Pleyel'schen Saal das grösste Aufsehen erregte. Aus dem Programm, in welchem ausser modernen Stücken Händel, Bach, Mozart, Beethoven figurirten, ersieht man die strenge Schule, in der er aufwuchs. Seine wissenschaftliche Ausbildung wurde deswegen keinen Augenblick vernachlässigt, und hier zeigte er die gleiche Lernbegier, die nämliche Fassungskraft wie in der Musik, ja er gerieth oft genug in Gefahr, über dem Ergrübeln naturwissenschaftlicher Probleme, über den Schicksalen der Helden des Alterthums die Musik, die ihm am wenigsten Opfer

Saint-Saëns
im Alter von zehn Jahren.

an Zeit und Mühe auferlegte, zu vernachlässigen, wenn nicht seine vorsorgliche Mutter stets wieder für die Herstellung des richtigen Gleichgewichtes in seinen Studien gesorgt hätte.

Ein für einen geborenen Pariser merkwürdiger Hang zur Natur war ihm seit frühester Kindheit, sozusagen mit der Ammenmilch, die er, von schwächlicher Constitution, während der ersten achtzehn Monate auf dem Lande einsog, eingeimpft worden. Derselbe hat ihn oft Zuflucht gegen die Widerwärtigkeiten des Lebens finden lassen.

Inzwischen wurde er zu weiterer Ausbildung dem Conservatorium anvertraut, wo ihn Benoist im Orgelspiel, Halévy in der Composition unterwies. 1852 bewarb er sich um den Rompreis, das heissersehnte Ziel aller Pariser Conservatoristen, die höchste Weihe und dabei auch in materieller Hinsicht keine leere Ehre, insofern er den Begnadeten für mehrere Jahre vor Lebenssorgen schützt und ihm erlaubt, sein Talent in der Stille zu bilden. Irgend ein Mitschüler, der es wahrscheinlich besser verstand, im Geist der Harmonieclasse die Clausurarbeit auszuführen Namens Sieg, wurde ihm vorgezogen. Sogar Berlioz stimmte gegen ihn: »Ich habe nicht für Saint-Saëns gestimmt. Er weiss alles, aber ihm fehlt der Sinn für Melodie (il manque de mélodie)!« Die Ironie des Schicksals wollte, dass der nämliche, der einst so gegen die Preisrichter gewettert hatte, jetzt dem nämlichen Fehler verfiel wie sie und das echtbürtige Talent vom Bastard nicht zu unterscheiden vermochte. Saint-Saëns, weniger ehrgeizig als Berlioz, der seine Bewerbung unverdrossen erneuerte, verzichtete für immer auf Rom, um eine Stelle als Organist an Saint-Merri anzunehmen und am Niedermeyer'schen Clavierinstitut Unterricht zu ertheilen. Es gelang ihm, bei der Gesellschaft der Concerte Saint-Cécile eine Symphonie anzubringen (seine erste), die grossen Beifall fand, bis es ruchbar wurde, dass der Componist ein Zeisig von 17 Jahren wäre. Seitdem Aenderung der Windrichtung der Kritik; man fand hinterher allerhand Schwächen heraus, die man zuerst übersehen hatte. Ein Meisterwerk ist sie nicht, aber sie ist frisch und liebenswürdig erfunden. Inzwischen lief er jeden Tag Paris ab, um für sich und seine Mutter — sein Vater, der Beamter gewesen war, war ihm seit seiner zartesten Kindheit entrissen — den nöthigen Unterhalt zu gewinnen. Einen gewaltigen Sprung vorwärts in seiner äusseren Lautbahn bedeutete für ihn eine Ernennung als Organist der Madeleine-Kirche im Jahr 1858. Für die zahlreichen Anlässe, die das katholische Kalenderjahr mit sich bringt, wurde er nicht müde, Werke zu schreiben, die zu seinen besten gehören. Zahlreiche unter ihnen birgt noch die Priesterbibliothek der genannten Kirche, einem Uebereinkommen zufolge, wonach Saint-Saëns gegen eine Entschädigung und gegen die Bedingung, dass sie erst nach seinem Tode veröffentlicht werden sollten, diese Compositionen abtrat. Erst im Jahre 1870 gab er, durch wachsende Erfolge, wie durch den Zuspruch Liszts ermuthigt, der ihm jenseits der Vogesen Milch und Honig prophezeite, die Stellung auf, um sich nunmehr ganz der Composition, sowie dem Conceitiren zu widmen.

Je weniger sein Name vorher in die breiten Schichten des deutschen Publikums gedrungen war, desto schneller wuchs laufseuerartig sein Ruhm. Man rieb sich die Augen, fand es bei dem heutigen Entwickelungsstande der öffentlichen Berichterstattung, die sonst in jedes abgelegene Winkelchen hineinleuchtet, und bei dem wenigstens vermeintlichen Streben der Gegenwart, die heranwachsenden Componisten weder physisch noch durch Vorenthaltung der Anerkennung, geistig Hungers sterben zu lassen, ausser allem Spass, dass über den Componisten des Todtentanzes bisher noch nichts in die Oeffentlichkeit gedrungen war, als was gelegentlich Parisfahrer berichteten, welche die Madeleinekirche aufgesucht und dort das herrliche Orgelspiel des Herrn Saint-Saëns bewundert hatten. Bald bürgerten sich seine symphonischen Dichtungen in den deutschen Concertsälen ein und fassten, wie es im musikalischen Kreislauf meist zu geschehen pflegt, nunmehr auch in England, Russland und Amerika festen Fuss. Inzwischen entdeckte man, dass Saint-Saëns mehrere schöne Clavierconcerte geschrieben hatte, die er selbst meisterlich vorzutragen verstände. Ausser dem Dirigenten kam nun auch der Spieler seiner Compositionen zu Worte. Das dauerte etwa bis 1886. Seine Gesundheit war von jeher nicht die kräftigste gewesen. Sonne liebte er in seinen Compositionen, aber auch am Himmel. Verstimmt zudem durch die feindliche Stellung, die ihm gegenüber die deutsche Presse nicht ohne Grund einnahm, da er sich durch Ausfälle gegen deutsche Kunst und Künstler, sowie durch den Weimarer »Zwischenfall« missliebig gemacht hatte, schränkte er seine öffentliche Wirksamkeit beträchtlich

ein und ging wie die Schwalben im Herbst nach dem Süden, in einen Kurort für seine Nerven und ein Tusculanum für seine Muse, bald nach Algier, bald nach Aegypten, zumeist aber auf die Canarischen Inseln, um mit den Schwalben wieder nach Paris zurückzukehren, von wo aus er auch wohl Ausflüge nach London unternahm. Noch im letzten Frühjahr wohnte er dort der Aufführung seiner Oper Heinrich VIII. bei und wirkte in zahlreichen Concerten mit.

Es ist von hohem Interesse zu erfahren, wie Gounod über seinen jüngern Collegen denkt (Aufzeichnungen eines Künstlers, S. 220): »Saint-Saëns ist eine musikalische Kraft, wie ich keine zweite kenne. Er ist allen Anforderungen gewachsen, für alle Ansprüche ausgerüstet. Er weiss in seiner Kunst wie kein Anderer Bescheid; die Meister kennt er auswendig; er beherrscht das Orchester spielend, ebenso wie er spielend Clavier spielt, damit ist alles gesagt. Er besitzt ein äusserst seltenes Darstellungsvermögen und ein erstaunliches Aneignungs- und Assimilationstalent: er könnte, je nachdem es von ihm verlangt würde, ein Werk à la Rossini, à la Verdi, à la Schumann oder à la Wagner componiren; er kennt sie alle von Grund aus und ist darum vielleicht vor der Versuchung sicher, einen derselben nachzuahmen. Der Gedanke, dass seine Werke möglicherweise keinen Eindruck machen könnten (die stete Angst der verzagten kleinmüthigen Seelen!), peinigt ihn nicht; er hält sich von aller Uebertreibung fern, ist daher weder ausgelassen noch ungestüm und bewegt sich niemals in der Emphase. Ohne der Sklave einer einzigen zu sein, macht er sich alle Methoden und Darstellungsmittel zu Nutze. . . Ein ferneres Verdienst Saint-Saëns' ist, dass sich seine Musik im Takt bewegt und sich nicht alle Augenblick in jenen albernen Ruhepausen ergeht, in Folge deren eine musikalische Composition des festen Gerüstes entbehrt und in Affectirtheit und Empfindelei ausartet. Er ist ein Musiker von grossem Schlage: er zeichnet und malt seine Tonbilder mit der Hand eines Meisters; und wenn die Ursprünglichkeit darin besteht, dass man andere nicht nachahmt, dann war er der ursprüngliche Künstler: er glich Niemandem als sich selbst«.

WERKE
FÜR ORCHESTER.

A. SYMPHONISCHE DICHTUNGEN.

(POÈMES SYMPHONIQUES.)

In Beethoven hatte die absolute Musik ihre Vollendung gefunden. Ist sie die Schwester der Poesie, so sehr, dass sie die wortentkleidete Poesie heissen darf, die den Mangel an klar umrissener Verständlichkeit durch gesteigerte Klangschönheit, durch Zuhülfenahme der Wunderwelt der Tonverwandtschaft und der Vielstimmigkeit, der Möglichkeit einer Zusammenkettung mannigfacher Melodie-Individualitäten zu einem gleichzeitig erklingenden Ganzen wieder wett macht, und ist sie namentlich in ihrem äussern Formenbau der Architectur so nahe verwandt, dass sie nicht mit Unrecht eine tönende Architectur genannt wird, so waren diese ihre zwei Wesenheiten bei Beethoven zu unlöslichem Bunde verschmolzen. Kaum ein Werk des grossen Symphonikers ist zu finden, welches auf den Zuhörer nicht den Eindruck innerster Durchtränkung mit poetischer Empfindung erweckte, durch welches jener sich nicht in einer zwar begrifflich schwer zu definirenden, nichts desto weniger aber scharf und prägnant empfundenen Weise beeinflusst fühlte. Wiegt bei seinen Vorgängern meist ein Spiel mit Tongebilden vor, deren Verwebung und Entwickelung mehr die Erweckung des reinen Ergötzens am Spiel zum mehr oder weniger unbewussten Zweck hat, und reichen die Vorstellungen und Empfindungen, die sie in uns erwecken, wofern nicht die Empfänglichkeit des Hörers durch das Beobachten jenes Spiels und das Ergötzen daran völlig und ohne verbleibenden Rest befriedigt wird, meist nicht über die Grenzen der Schönheit und Anmuth hinaus, so ist bei Beethoven dies Spiel das Secundäre, während als Hauptsächliches eine eindrucksvolle poetische Bedeutung seiner Motive wie ihres Aufbaues sich in den Vordergrund drängt. Nun ist schon bei ihm häufig ein entschiedenes Ueberwiegen des poetischen Gehalts über die Form, gleichsam ein Herausspringen des ersten aus der zweiten zu beobachten, wie an seinen letzten Quartetten, an der neunten Symphonie, an der »Hammerclaviersonate«, wie er dann ja von sich selbst mit Vorliebe zu sagen pflegte, er componire nicht, sondern er dichte in Tönen.

Diese Verschiebung der beiden Factoren zu Gunsten der Poesie und die sich daraus ergebende, im ersten Augenblick unerschöpflich scheinende Bereicherung und Vermannigfaltigung des Ausdrucks, den die Tonkunst aus der immer unmittelbareren Berührung mit der Poesie gewinnen zu können schien, erweckte die Grossen unter den Nachgeborenen des Grössten zu tiefem Nachdenken und spornte sie zu vielfachen und mühevollen Vorstössen ins Feld der Poesie an.

Je mehr Sprunghaftigkeit die begriffliche Gedankenfolge auch in den Formen der Poesie gegenüber den stets in langgeschwungenen symmetrischen Linien sich vollziehenden musikalischen Formen besass, desto zerrissener und zusammenhangsloser musste die musikalische Form selbst bei einem Beethoven werden. Nur war diese Form bei ihm von einem so mächtigen poetischen Inhalt erfüllt, dass der geniessende Beobachter sich des Unzusammenhängenden der Form nicht bewusst wurde. Seine Blicke waren zu sehr durch den Inhalt gebannt, als dass er der Form grosse Acht haben konnte, wie es geschehen müsste, wäre der Inhalt nicht ein so überwältigender gewesen. Zudem war Beethovens ganze Geistesart so beschaffen, so von Kind an durch Anlage und Pflege darauf zugeschnitten, dass sich ihm ein poetischer Gedanke gar nicht anders als noch musikalisch offenbaren konnte, ja dass er nur den lediglich musikalisch ausdrückbaren poetischen Gedanken den Antrieb seines Geistes zu schöpferischer That gestattete.

Das wurde anders, als Componisten von universellerer Bildung, von tiefem weltumspannendem Wissen, von philosophischen und religiösen Sonderneigungen ihren ganzen Geistesreichthum der Tonkunst als Morgengabe darbrachten, als sich die Poesie mit den tausend bunten und schwärmerisch phantastischen Gestalten der Romantik bevölkerte. Weber, Spohr, Marschner eroberten der Musik auf der Bühne das romantische Gebiet, Schumann übertrug das Verfahren auf die absolute Musik im guten Willen, die musikalische Form zu wahren, wobei jedoch in Folge seiner nie völlig überwundenen musikalisch-stilistischen Schwerfälligkeit die Form vielfach zum äussern Schema verflachte, so dass sich bei ihm ein poetischer Inhalt von merkwürdiger Tiefe oft mit Kunstlosigkeit der Form zusammenfindet.

Als weit geschickterer Formbeherrscher offenbarte sich bei den Franzosen Berlioz, wohl in seinem Ausdruck ebenso tief, im Empfinden heisser und ungestümer, dabei dem Aeusserlichen oft gern zugewandt und dazu durch seine Meisterschaft in der Behandlung der Orchesterpalette nicht wenig verführt, oft Eigenwilligkeiten nachjagend und dadurch ans Abstruse streifend, eine der nicht harmonischsten aber glänzendsten und interessantesten, dabei entschluss-kühnsten Erscheinungen der Nachbeethovenschen Tonkunst. Er inaugurirte die neue Phase der Musik, als deren schärfste Zuspitzung der von dem hochbegabten Richard Strauss in seinem: »Also sprach Zarathustra«, seinem »Don Quixote« erhärtete Grundsatz gelten darf: Der menschliche Geist vermag nichts zu ersinnen, was sich nicht auch musikalisch irgendwie darstellen lässt, wobei denn freilich die Musik nur dann noch mit der wünschenswerthen Verständlichkeit wirken kann, wenn sie durch ausführliche Erläuterungen unterstützt werden kann oder wenn sie, wie der Verfasser einmal in einer Besprechung des Don Quixote vorschlug, durch lebende Bilder begleitet wird, wenn ihre Sehnsucht nach dem durch sie dargestellten Vorgange durch dessen plastische Verwirklichung gestillt wird, sie also einen weitern Bund mit den bildenden Künsten eingeht, wodurch freilich ihre Universalität besiegelt wäre, aber auch ihre innere Harmonie und vor allem ihre Schlichtheit und Schönheit, die beiden unentbehrlichen Merkmale jeder gesunden und normalen Kunst, vollends in die Brüche ginge.

Immerhin glaubte Berlioz das musikalische Formgerüst, so wie es durch die Classiker und am bündigsten durch Beethoven aufgestellt worden war, unverletzlich halten zu müssen; er ist in der Handhabung der Form Schumann bedeutend überlegen, dem er wieder in der Spontaneität der Erfindung, in der zwanglos quellenden Entspriessung des musikalischen Gedankens aus dem Mutterboden der poetisch angeregten Phantasie nachsteht. Mit Recht giebt in Bezug auf das melodische Element bei ihm Friedrich Rösch in seinen musikalisch-ästhetischen Streitfragen (S. 193) folgende Kennzeichnung, die er auch, obschon unsers Erachtens in nicht ebenso zutreffendem Maasse, auf Brahms ausdehnt: »Berlioz verfügt nicht über ein »überwältigendes« originales und unmittelbar zum Gefühl sprechendes, unwillkürlich und unwiderstehlich hinreissendes Melos«. Dieser Mangel an höherer weitsichtiger formaler Gestaltungskraft war die Ursache, dass Berlioz kein Formschaffer und Bereicherer war, dass sie sich ihm nicht aus dem treibenden schöpferischen Gedanken ergab, sondern dass sie den Canevas bildete, in den er seine musikalischen Stickereien hineinwob. In den mannigfachen, glänzenden, zum Theil weit hergeholten und manchesmal sogar verstiegenen musikalischen Spiegelbildern aber, die er zur Bewältigung und Erschöpfung seines ganzen Ideenreichthums durch die Ausdrucksmittel der Tonkunst fand und für die Musik zum guten Theil eroberte, ist er der Originellsten Einer, dessen Bedeutung die Jahrhunderte überdauern wird. Ist nun schon der Umkreis seiner »Entdeckungen« für die Musik, sind die Lichtungen, die er in dem geheimnissvollen Urwald der Tonkunst aushaut, zum Theil solche, die besser Urwald, unentdeckt blieben, weil ihnen nämlich die der Musik unveräusserliche Schönheit fehlt und sie nicht als musikalich eingeborne, sondern durch Nothwendigkeit einer Verstandeserkenntniss abgeblasste musikalisch-poetische Zwittergebilde erscheinen, so trägt der hiermit zusammenhängende und in seiner zu sehr auf das Auffallende und Gesuchte gerichteten Natur begründete Zwiespalt zwischen correcter äusserer Form und dem sie überschreitenden Inhalt nicht selten dazu bei, seinen Kunstwerken die innere Harmonie zu rauben.

Was das Uebergewicht des klügelnden Verstandes über die schwungvolle, leidenschaftlich gestaltende Phantasie bei ihm versäumte, das brachte Liszt in seinen symphonischen Dichtungen zu wege, und es ist mehr als freundschaftliches Wohlwollen, das Wagner veranlasst, in Liszt den Uebertrager der von ihm geschaffenen Machtvertheilung zwischen Poesie und Musik auf das Gebiet der absoluten Musik zu erblicken, wenngleich auch Liszt wieder in anderer Weise seine Achillesferse besass.

Die alten ausgetretenen Pfade zu wandeln, musste einer so gewaltig angeregten und so bei aller Bescheidung vor den bedeutenden Künstlern, die vor und mit ihm lebten, dennoch vordringend selbstbewussten Persönlichkeit wie Liszt widerstreben. Das einzige Gebiet, das er auszubauen hoffen durfte, war eben die symphonische Dichtung. Seine innerstmusikalische Beanlagung war in ähnlicher Weise intensiv wie die eines Beethoven, insofern auch er für alles, was musikalisch ausdrückbar wäre, ein untrügliches Empfinden besass. Wenn man in seinen zahlreichen Transscriptionen zuweilen Spuren vom Gegentheil wahrnehmen will, so muss man bedenken, dass jener echtmusicalische Instinct in ihm dem Virtuosen, zu dem ihn Erziehung und blendende Voranlage gemacht hatten, Zugeständnisse einräumte, die freilich dem ernsten Beobachter nicht selten als zu weitgehend bedünken. Andererseits ist doch auch der Virtuos nur ein Diener seiner Kunst, der ausser jener Vordrängung seiner nachschaffenden Persönlichkeit allein durch die Mittel der Kunst überzeugen will und jedenfalls nicht nach den Schwesterkünsten schielt. Und namentlich der Virtuos Liszt war, wie das Joachim in geistreichen Worten ausdrückt, in denen er sich über das Bezwingende des Liszt'schen Vortrages auslässt, in jedem Ton, den er anschlug, von der Fingerspitze bis zu seiner innersten Gehirnkammer so spezifisch musikalisch, dass er seiner ganzen Organisation nach als eine der musicalischsten Erscheinungen des Jahrhunderts gelten durfte. Sein Spiel war die vollkommene Harmonie zwischen einem tiefen geistigen Gehalt und der tönenden Erscheinung desselben, und so wenig wie bei Joachim, wenn er uns die letzten Quartette Beethovens erschliesst, empfand man bei ihm das Verlangen, einen nicht klar empfundenen Rest erläutert zu sehen. Seiner innersten Natur nach, wie sie sich auch in seinen symphonischen Dichtungen, von Aeusserlichkeiten und der gleich zu berührenden Achillesferse abgesehen, Bahn bricht, war Liszt so musikalisch, dass er keine Musik niederschreiben konnte, die nicht in ihrem Wesen eigentliche Musik war, keine, die nach Erklärung durch das Wort oder durch die Malerei lechzte.

Es ergab sich daraus, dass die poetischen Stoffe, die er seinen symphonischen Dichtungen zu Grunde legte, der Musik homogener wurden, als bei Berlioz, dass er auch in den einzelnen Phasen dieser Stoffe nichts musikalisch umwerthete, was dem Wesen der Musik zuwider war. Diese Stoffe wie Tasso, Orpheus, Prometheus, Dante waren theilweise für die Musik schon vorgeschaffen, weil sie einen so schlichten und reichen Gefühlsinhalt bargen, dass die Musik mit seiner Ausdeutung nur sich selber diente. Da aber, wo er äussere Vorgänge malt, wie in Mazeppa, Hunnenschlacht, sind sie so von Leidenschaft durchtränkt, und er scheidet das rein Aeusserliche so sehr aus, dass auch hier die leidenschaftsvolle Musik selbst, nicht aber die musikalische Malerei das Hervorstechende ist. Freilich ist der symphonische Dichter bei dem Virtuosen in die Schule gegangen, wie denn durch seinen deutschen sinnigen Ernst immer auch der auf glänzende Coloristik Werth legende, durch französische Vorbilder darin nicht wenig bekräftigte Ungar durchblickt. Darum haftet diesen Werken nicht selten ein gewisses Streben nach blendender äusserer Wirkung an, die denn auch zuweilen an die Kraftgenialität des Virtuosen und die Vorliebe für frappante Gegensätze streift.

Dagegen war er in formaler Hinsicht ein so geschickter und nie verlegener Bildner und Gestalter, zudem war ihm der Widerstreit zwischen Inhalt und Form bei Berlioz, bei Schumann so wenig entgangen, dass er nichts Geringeres ins Auge fasste, als auch in der Form sich seine eignen Wege zu bahnen. Das waren aber genau die Wege, die seine, wie oben nachgewiesen, im innersten Wesen musikalisch vorgeschaffenen Stoffe ihn gehen hiessen, er konnte, von jenen Aeusserlichkeiten abgesehen, garnicht anders als musikalisch auch in der Form verfahren. Und darin beruht seine immer noch von Freund und Feind verkannte, Epoche machende Bedeutung: dass die neue Form, die er schuf, doch immer noch dem Geiste der Musik entsprach.

Diese Form lieferte ihm nun nicht mehr das alte zum Schema verblasste verknöcherte Muster der Alten, sondern seine poetische Vorlage, die fortan die Zahl, Art und Verwandtschaft der verschiedenen Satzgruppen, die Charakteristik der Themen, ihre Verarbeitung zu bestimmen hatte. An die Stelle der von der Architektur entlehnten strengen Symmetrie trat nunmehr eine nach poetischen Gesetzen sich vollziehende Structur, die freilich ebenso sehr ihren Anstieg und Abstieg hatte, wie früher die classische Form, und sich nur der den poetischen Gedankenflug einzwängenden Wiederholung und der aus der alten Suite ererbten mehr durch ein ästhetisches Vergnügungsbedürfniss, als durch gedankliche Folgerichtigkeit geforderten Zahl und Art der verschiedenen Abschnitte, soweit solche nicht durch die Vorlage gefordert wurden, enthielt.

Was die Satzbildung im engern Sinne, die Entwickelung und Fortspinnung der Motive betrifft, so blieb so ziemlich Alles beim alten, nur dass hier eine gewisse Neigung Liszts zur Unrast, zum Abgerissenen, wie es seinen virtuosen Bearbeitungen anhaftet, zu Tage tritt. Er ist zu häufig der Improvisator, der sich dem Verzierlichen und Verflüchtigen der Phrase in einen feinen Tonnebel, dem Verschmerzlichen der Cantilene zum abbrechenden Seufzer, dem gefälligen Spiel mit der Fioritur, kurz denjenigen tonbildnerischen Elementen überlässt, die nur Ausnahme, Folie, Verzierung sein sollen. Dadurch bekommen seine Schöpfungen nicht selten etwas absichtlich Zugespitztes, Eigenwilliges, was eben nicht dazu beiträgt, sie den Freunden der absoluten Norm zu empfehlen.

Worin aber auch Liszt trotz seiner eminent-musikalischen Anlage noch nicht zu der Harmonie des in sich vollendeten Kunstwerks gelangen konnte, das ist das Ueberwiegen des Wollens über das Vollbringen in ihnen. Es ist merkwürdig genug, dass bis heute noch niemand eine Musikgeschichte geschrieben hat, in welcher er unsere Heroen nach dem Grade ihrer Schöpferkraft, die doch wenn auch nicht das einzig Noththuende, so doch das unerlässliche Erforderniss der Grösse bildet, abwägt. Gewiss werden auch hier diejenigen in Goldschrift einzugraviren sein, die es wie Bach, Beethoven, Mozart, um nur die unumstrittenen zu nennen, verstanden haben, ihre Schöpferkraft zu bändigen und sie dem Gestaltungsvermögen unterzuordnen. Aber wir sind heute ungerecht geworden gegen andre, denen eine sprudelnde Erfindung innewohnt, und es wäre so redlich wie räthlich, einmal Heerschau zu halten über alle, denen die Himmelsgabe verliehen worden ist, wäre es auch nur um daraus zu erkennen, dass die Natur ihre Gaben heute noch so verschwenderisch ausstreut wie früher. Es ist klar, dass in einer solchen Geschichtsanordnung, in welcher Schubert obenanstehen würde, ein Rubinstein, ein Bruckner, ein Smetana an erster Stelle genannt sein würden, und dass sie der Geringschätzung, der wenigstens die ersten beiden seitens eines grossen Theils unsrer Fachleute ausgesetzt sind, entrissen werden würden. Es ist nun leider nicht zu leugnen, dass das schöpferische Vermögen Liszts nicht ganz seinen Intentionen entsprach, und dass der kühne Anflug, den er nahm, nicht immer Stich hielt, dem Luftballon gleich, den widrige Winde oder seine Schwere zwingen, nahe dem Boden zu schweben. Zumal das entscheidende Merkmal des schöpferischen Vermögens, die Melodiebildung fand ihn oft Arm in Arm mit Tonsetzern, die er in seinem Wollen weit überragte und deren Nachbarschaft er sich sonst seinem ganzen Streben nach verbeten haben würde.

Was weiter die Kunst des Contrapuncts anbetraf, deren Vorhandensein und deren Verwendung im Dienste der Kunstabsicht zur Erzeugung innerlicher Regsamkeit so wesentlich ist, so zeigte es sich, dass diese Kunst zwar Liszt durchaus nicht fremd war, aber dass er sie doch nicht genug beherrschte, um ihr den ganzen Bereich ihrer Wirkungen abzulauschen: seine Schöpfungen litten streckenweise an einer lähmenden »Homophonie«.

Saint-Saëns.

Zwar will er uns durch kühne Harmonik entschädigen. Es geht damit aber wie mit den scharfen Würzen. Ist man sie erst gewohnt, so verlieren sie ihre Wirkung. Dazu kommt noch, dass Liszts Instrumentation, oft durch geniale Farbencombinationen überraschend, doch auch oft brutal und grell ist, wie er denn die Kunst der Instrumentation erst während des Entstehens seiner symphonischen Dichtungen erlernte.

Im andern Sinne also wie Berlioz ist auch Liszt nicht als harmonische Erscheinung zu bezeichnen, wenn auch sein Vorgehen eine Epoche in der Entwickelung der Musik bedeutete.

Während die Fehde für und gegen Liszt noch ziemlich heftig tobte und nur er allein, nach Vollendung des schöpferischen Vorganges, das weitere den Sternen überliess, tauchte Anfangs der siebziger Jahre in Deutschland Saint-Saëns' Totentanz und Phaëton auf. Das war ein schneller Eroberungszug, den namentlich der Totentanz zurücklegte, und bald hallten die vornehmen Concerte, bald auch die bescheidnern bei Bier und Cigarre von den klappernden Gebeinen der Gespenster, die dem Gehämmer des concertfähig gewordenen Xylophons entstiegen, wieder.

*　　*　　*
*

À Madame C. Montigny-Remaury[1])

Danse Macabre

Poème symphonique d'après une poésie de Henri Cazalis par

Camille Saint-Saëns

op. 40.

(1874 componirt, 1875 veröffentlicht)

War daran das »Zig et Zag« der dem Werk vorgedruckten und auf keinem Programm fehlenden Dichtung des Herrn Cazalis schuld, das die Fidel

des unbarmherzigen Mähers Tod vor die Sinne der Zuhörer brachte, die
»Seufzer«, die den Linden entströmten, oder die »unter ihren Leintüchern über die
Gräber huschenden, hüpfenden Gerippe«, der Hahnschrei, der alles verscheucht?
Schon das Gedicht erweckte grausige Spannung, aber es bevormundete die
Phantasie mit Ausnahme der zwölf Schläge der Mitternacht, der klappernden
Gebeine, des schon erwähnten Hahns nicht bis zu dem Grade, um auf die
Abwickelung bestimmter Situationen und Vorgänge und auf ihre treue mehr
oder weniger gelungene Photographie durch die Musik neugierig zu machen.
Das Gedicht vermied die Fesselung der Vorstellungskraft und begnügte sich,
die allgemeinen Contouren des Schauplatzes anzugeben, dessen Bevölkerung
ganz der Musik vorbehalten blieb. Und sie war es, die die Hörer blitzschnell
in ihren Bannkreis zog und sie bis zum Schlusse darin festhielt. Da steht
mit einem Schlage, wie der Erde entstiegen, der Tod vor uns und stimmt
seine Geige, deren eigenthümlich wimmernde Stimmung (G, D, A, ES statt E)
sich in das Ohr des Hörers bohrt. Sein Machtruf lockt sogleich die Ab-
geschiedenen herbei, die sich bald wie auf Erden im Walzerzeitmaass, wenn
auch im gemässigten, wiegen.
Wie schattenhaft muthet beim
Hauptthema der Klang der Flöte an:

und wie rührend mitleidig winselt
die Weise des Todes dazu:

Zusehends schwillt die Schaar an, die den Gräbern entsteigt, der Wind
weht über die Harfensaiten, die in den Mauerlöchern des Thurms zu selt-
samer Ohrenweide des Thürmers aufgehängt sind, und das Xylophon klappert
dazu, als ob dürre Gebeine aneinanderschlagen. Die Weise des Todes wird
inzwischen zu einer Soloquartettscene verwandt (Fugato), bis alle wieder
durch den Tanz mit fortgerissen werden, um (Holzbläser und Harfe in abgerissenen Accorden), kaum den Boden berührend, über den Rasen zu
schweben, indess der Wind (in den einförmigen Triolen der Streichinstrumente)
einförmig summt. Das gleiche Spiel verstärkt sich (indem Hörner und erste Geigen
die Accorde übernehmen und erstes Fagott und Oboen, dann Clarinetten
und Flöten abwechselnde Seufzer dazwischenwerfen). Wieder ruft der Tod
(mit der klagenden Weise in H-dur) die zerstreuten Schaaren zusammen, auf
dass keins aus dem Gefängnisshofe entweiche, und nur zu gehorsam antworten sie ihm mit seinen Tönen, (in Nachahmungen, während die ersten
Geigen arpeggirend die Harmonie dazu abgeben) huschen, tanzen, schwirren
gegen-, übereinander, um sich endlich in einem Schlusstanz auszutoben (in
welchem das erste Tanzthema sich mit der Klageweise des Todes verkettet)
und die kurze Frist, die ihnen noch bleibt, im tollen Wirbel zu geniessen.
Da kräht   und flugs eilt einer nach dem andern
der Hahn.   in die enge Schlummerstatt hinab, das
Treiben erlischt wie ein verglimmendes Licht. Nur der Tod fühlt sich von
einer gerührten Anwandlung erfasst und sendet ihnen eine klagende recitirende
Phrase nach, bis auch diese (auf dem Triller D-Es der Geige, der sich dann
in der tonlosen Flöte verliert) erstirbt.

Dem Stück fühlte sofort jeder Hörer an, dass es nicht allein den
poetischen Vorwurf vollkommen deckte, sondern auch in sich harmonisch
gerundet sei. Die Ursache davon ist denn auch nicht schwer zu entdecken.

Saint-Saëns 1876.

Von so fesselnder Eigenart des Rhythmus, der Themen, der Harmonien und Accordfolgen, der Instrumentirung, dass es sofort in die Ohren fällt und bis zum Schluss die Aufmerksamkeit rege hält, ausserordentlich characteristisch in jedem Element des musikalischen Ausdrucks, bleibt die aufgewandte Arbeit trotz ihrer feinen Ausführung doch immer im Dienste des poetischen Bildes, und dieses selbst tritt an keiner Stelle über den Rahmen der Musik hinaus, es hat sich im Gegentheil in die schlichteste Form einfügen lassen. Hier war endlich einmal eine Erfüllung des lange gesuchten Problems, eine poetische Vorstellung völlig in eine ihr adäquate musikalische Form aufgehen zu lassen.

*   *   *

Dem Verlangen des deutschen Publikums, die Bekanntschaft des beliebt gewordenen Componisten zu erweitern, konnte dieser leicht entsprechen, brauchte er doch nur in seinen Notenschrank, der bereits 39 vorher entstandene Werke barg, hineinzulangen. Er entschloss sich, um sicher zu gehen, das Eisen des Erfolges in derselben Esse zu schmieden, in der es soeben glühend geworden und brachte eine symphonische Dichtung,

Phaëton,

(Op. 39, Madame Pochet de Tinan gewidmet. 1873, ein Jahr vor dem Todtentanz componirt und mit dieser 1875 veröffentlicht) zum Vorschein. Diesmal hatte Saint-Saëns die griechische Sage nach einem Stoff durchsucht und ihn in dem Sohn des Sonnengottes gefunden, der auf einen Tag die Erlaubniss erhält, die Rosse des Vaters zu leiten, dabei aber ein solches Ungeschick entwickelt und dadurch die gequälte Erde einer Verbrennungsgefahr so nahe bringt, dass Zeus den Unbesonnenen mit seinem Blitzstrahl trifft und dem Weltall die gewohnte Ordnung zurückgiebt.

Nach wenigen Takten Einleitung, dem Anschirren der Rosse entsprechend, bezeichnet ein Fahrtmotiv den Beginn der Fahrt, bei der Wiederholung durch eine contrapunktirende ab- und aufsteigende Tonfolge (Streicher pizzicato) bereichert. Alles geht vortrefflich, und voll lebendigen Kraftgefühls sonnt sich der Jüngling in dem ungewohnten Glanz (Nebenthema: Jenes nimmt ab, dieser zu (characteristisch ist die zunehmende Mattigkeit der Klangfarbe dieses Themas, das zuerst von 2 Trompeten und erster Posaune, dann in A-moll von 2 Hörnern, 2 Fagotten und 2 Clarinetten in Einklang gebracht wird), und vollends überlässt er sich dem wonnigsten Behagen (das nämliche Thema in Geigentrillern, während die Holzbläser in gestossenen Accorden und mit kleinen Erzitterungen, die Harfe in Arpeggien und die Bratschen in accordischen Sechszehnteln die Harmonie angeben). Die Fahrt geht weiter (der Rhythmus des Fahrtmotivs nimmt eine wiegende Zeichnung an), indess die Funken stieben (zwischengeworfene Passagen der Bläser). Da treibt es den Frohgemuthen, seine Kraft weiter zu erproben (der Anfangsrhythmus des Kraftmotivs wird in immer reicherer Polyphonie verarbeitet), hinauf in des Aethers klarstes Blau lenkt er die Rosse (die Geigen schreiten in dem Rhythmus des Fahrtmotivs nach oben), und seiner Brust entströmt ein Gesang voll reinster Seligkeit (Hörner, dann Bläser), der freilich auch gleich den Keim des Verhängnisses in sich trägt und den trüben Ausgang ahnen lässt und von dem jetzt elegisch gemilderten Kraftmotiv beschlossen wird. Es war der letzte frohe Augenblick, den er erlebte. Denn wie er die Fahrt fortsetzen will, kracht und knirscht es an allen Ecken (das Fahrtmotiv chromatisch ansteigend, aufsteigende Läufe der Holzbläser, unruhige Stösse der Blechs und der Pauken), umsonst versucht er die Rosse zu bändigen (das Kraftmotiv in Imitationen düstergefärbt und in der verminderten Quint der Bässe mit gleichzeitig langsam nach oben ziehenden und dann schnell abstürzenden Passagen der Geigen und Bratschen gleichsam schlimme Gefahr heraufbeschwörend). Das Unheil ist eingetreten, dumpf dröhnt die Erde unter der Last des sengenden Gefährts (Fagott, Contrafagott, Tuba dann noch Hörner und Posaunen), da und schleudert Zeus den Rosselenker (Accord Bässe, G-B-Es des ganzen Orchesters, Wirbel der Pauken dieses Accordes, Schlag der grossen Trommel, der Becken und des Tamtam) in das Nichts. Schnell verzieht sich die Gluth, und auf die Erde strahlt (mit dem Liede Phaëtons obschon im Zeitmaass gemässigt und in der Klangfarbe viel weicher) ein mildes Abendroth, das den kritischen Tag beschliesst.

Die Tonmalerei, die Nachahmung äusserer Vorgänge durch die Tonkunst, tritt hier noch viel mehr in ihre Rechte als beim Totentanz. Dennoch fehlt auch diesem Werk nichts zur formellen Abrundung und zur Harmonie.

Zunächst ist der Vorgang selbst derart, dass er zwanglos in Musik aufgeht. Seine Phasen, sein Gipfelpunkt mit dem jähen Absturz zur Ruhe ergeben eine schön aufgebaute und musikalisch ausnützbare Form.

Träte das äusserliche Moment des Vorgangs, das anwachsende Glühen in den Vordergrund der musikalischen Schilderung, so würde diese inhaltlos erscheinen und nur durch die Treue der Nachahmung interessiren, so bleibt jenes aber Folie zu den Gemüthszuständen des lebenden Mittelpunkts dieses Vorganges. Der zuversichtlich kecke Jüngling ist es, der die Rosse lenkt (im Fahrtmotiv, dem zur Zeichnung des nicht gefahrlosen Unternehmens die elegische Note, die kleine Sext As nicht fehlt).[2]) Es ist das Kraftgefühl Phaëtons, welches das rhythmisch interessante Kraftmotiv durchströmt, sein Behagen ist es, das der Cantilene (dem »Liede«) zu Grunde liegt. Dadurch wird der äussere Vorgang auf die Seele des Handelnden projicirt und mit menschlichem Empfinden durchtränkt, die Musik erhält ein pulsirendes Herz, dessen plötzliche Vernichtung den Hörer ergreift, und die das Stück abschliessende Cantilene, eine Rückerinnerung an den Gesang des Helden, gewinnt hier den Character eines Nekrologs. Aehnlich erhebt Richard Strauss im Nachspiel seines Eulenspiegels den lustigen Schelm über sein Erdenwallen hinaus in die Sphäre freundlichen Gedenkens.

Dadurch soll die meisterhafte Colorirung des Vorganges nicht in ihrem Werth beschnitten werden. Auch hierin trägt die Wahl der einfachsten und zweckmässigsten Mittel in Rhythmus und Instrumentation nicht wenig zur Erhöhung des harmonischen und ästhetischen Vergnügens des Hörers bei.

*

Und wie man Herrn Saint-Saëns immer weiter um Kinder seiner Muse bestürmte, zog er eine dritte symphonische Dichtung hervor, die früheste von allen, da sie im Jahre 1871 entstanden und 1872 erschienen ist:

Le Rouet d'Omphale
Poème symphonique par
C. Saint-Saëns
op. 31
(à Mademoiselle Augusta Holmès)

Um Herkules in Weiberkleidern zu veranschaulichen, wie er bei der lydischen Königin drei Jahre hindurch am Spinnrocken sass, bediente sich der Componist der historischen Freiheit, die Erfindung des Spinnrades in die graue Vorzeit zu verlegen. Der Tonkunst kam die Möglichkeit, das ganze Stück von einer fortlaufenden Passage durchspinnen zu lassen, natürlich weit mehr zu gute, als wenn er das mühsame Verfahren von Handspinnerei und Spinnrocken nachgeahmt hätte. Recht allmählich, genetisch, vollzieht sich der Eintritt der Spinnbewegung, über der (als Hauptmotiv) zartsüsse Seufzer erklingen, durch ein schäkerndes, liebenswürdiges Motiv unterbrochen, das die 6/8-Bewegung erfrischend ablöst und das grade nicht auf allzu herben Zwang in Omphales Spinnstube hindeutet. Jene Seufzer schliessen sich zur Cantilene und erreichen dadurch ein etwas energischeres, selbstbewussteres Gepräge, erwecken dafür aber auch in der Seele des Helden das Bewusstsein seiner Erniedrigung (Cis-moll, aufsteigendes Motiv in den Bässen, Fagotten und Posaunen), das ihn immer mehr ergreift und schwermüthig stimmt. Ist es die Aussicht auf Befreiung, ist es die lachende Umgebung? der Held täuscht sich

Saint-Saëns.
Caricatur von M. Luque. Nach einem Originale der Musikhistorischen Sammlung des Herrn Fr. Nicolas Manskopf in Frankfurt a. M.

über seine Gewissenspein hinweg (das nämliche Motiv meno mosso in der Oboe in tändelnder Umgestaltung) und bringt seine Arbeit, nicht ohne einige verhaltene Seufzer, zu Ende.

Die ganze Behandlung des Stoffes ist ja nun freilich mit Ausnahme des Reuemotivs nicht sehr herkulisch und deckt nicht ganz das überragende Bild des Heroen, das Stück ist dafür zu weichherzig und tändelnd gerathen. Man begnüge sich, in ihm eine liebenswürdige musikalische Episode, ein Spinnlied zart und kunstvoll und von subtilem Klangreiz zu sehen.

Dem nämlichen Helden ist auch die vierte symphonische Dichtung:

La Jeunesse d'Hercule

op. 50

(à Monsieur Henri Duparc)

(1877 entstanden und veröffentlicht) gewidmet, die in deutscher Uebertragung »Hercules am Scheidewege« betitelt werden müsste. Die Einleitung (Andante sostenuto) erinnert mit ihren langgezogenen leisen Geigenterzen an den Augenblick, in welchem Siegfried nach der Durchschreitung des Feuers den nunmehr in tiefster Ruhe daliegenden Brünhildenfelsen erblickt, und ist jedenfalls als das erwachende Leben in des jungen Helden Seele zu deuten. Begann doch auch Siegfrieds „Tag", gewann sein Leben einen Inhalt doch erst, seitdem er die Sehnsucht nach einem liebenden Wesen, einer verständnissvollen Ergänzung seiner Seele entbrennen fühlte. Mit dem Allegro moderato hebt der Eintritt in das Leben an, das vorher froh ahnungsvoll aufdämmerte, es ist von sinnendem Ernst erfüllt und athmet keusche Empfindung. Seine gleichförmige Bewegung gewinnt sogleich in einem Nebenthema (wie das erste in Es-dur) an rhythmischer Lebhaftigkeit wie an melodiösem Reiz, dem Erwachen des Schaffenstriebes und dem Behagen daran entsprechend, als (D-dur $^9/_8$) das Vergnügen (Melodie in der ersten Oboe, Harmonie wird durch Flöten, Clarinetten, das ausgehaltene A der Violoncells, Harfe gebildet) mit zarter Lockung zum Genusse ruft und ihn (Allegro) in den Wirbel eines wilden Bacchanals zu verstricken trachtet. Nachdem es alle seine Lockungen erschöpft und seiner wilden Lust die Zügel hat schiessen lassen, wendet sich der Held mit energisch-declamatorischer Phrase von ihm ab, um sich (mit dem Hauptmotiv) der Tugend zu weihen, sie in heissem Ringen (mit vielgestaltiger thematischer Durcharbeitung) auch gegen den noch zweimal wiederkehrenden Lockungsruf des Vergnügens zu erhärten und die (Maestoso) ihm winkende Heldenkrone zu erringen (glänzende Harmonien über der langsam in den Posaunen absteigenden Tonleiter Es-Des-Ces-A-As-Ges-Fes-Es und nachfolgende Fanfaren).

Es lässt sich nicht leugnen, dass diese Schöpfung an Originalität der Erfindung, an zwanglosem Gestaltungsfluss, wie auch an musikalischer Nachbildung des poetischen Vorwurfs den übrigen symphonischen Dichtungen nachsteht. Auch hier ist Hercules mehr sinnend und fühlsam als kühn und bezwingend gezeichnet. Die Reize des Vergnügens, die in die Lockung und das Bacchanal getheilt werden, bleiben der musikalischen Ideenwelt des Helden so fremd, dass von einer Selbstbezwingung ihnen gegenüber, von einem Ringen mit ihnen nichts zu merken ist, dies Ringen vielmehr auf den Schauplatz des äussern Lebens, der weiten grossen Welt hinübergeführt wird. Dadurch büsst das Ganze den zur harmonischen Abrundung nöthigen vereinheitlichenden psychologischen Halt ein. Als interessantes und nobel empfundenes Orchesterstück verdient es jedoch vollauf das Interesse, das auch ihm zu Theil geworden ist.

*

Es ist hier nicht der Ort, auf die durch ihre geniale Kühnheit in der Bereicherung und Combinirung der Orchestermittel hervorstehenden symphonischen Dichtungen von Richard Strauss einzugehen, des einzigen, der diese Gattung zu vervollkommnen verstanden hat, wenn auch sein Vorgehen, namentlich in »Also sprach Zarathustra« und »Don Quixote«, nicht unbedenklich genannt werden muss und wiederum die vorhin angedeutete Grenze streift, an der die Poesie ein tyrannisches Uebergewicht über die Musik erlangt und den ihr unumgänglichen Schönheitsfluss unterbindet.

Jedenfalls ist namentlich in den beiden ersten symphonischen Dichtungen Saint-Saëns als derjenige hochzuhalten, der in der Zeit des bunten Wirbels auf dem Felde der absoluten Musik, der Abbröckelung der Schutzwehr ihrer Schönheit durch die Angriffe der auf scharfe Charakteristik gerichteten musikdramatischen Tendenz diese Schönheit hochgehalten, und der auch auf dem Felde der durch die Poesie angeregten Tonkunst vollendete Kunstwerke zu schaffen gewusst hat, ohne dass er doch desswegen das volle Rüstzeug der Ausdrucksmittel, die das Musikdrama erobert, verschmäht hat.

B. SYMPHONIEN.

Drei Symphonien liegen bis jetzt von unserm Componisten vor. Sie bedeuten Merksteine seiner künstlerischen Entwickelung, von solcher Verschiedenheit, dass die erste noch gar nicht ahnen lässt, was die zweite und gar die dritte erschliesst, von so fortschreitender Vervollkommnung, dass auch auf Saint-Saëns Goethes Wort von der Erlösbarkeit des, der »immer strebend sich bemüht«, Anwendung finden darf.

I. Erste Symphonie (Es-dur, op. 2, Herrn F. Seghers gewidmet). Sie besteht aus vier Sätzen, von denen die beiden Mittelsätze die werthvollsten sind. Alle sind classische Nachempfindungen in Mendelssohns melodieensüsser, klangfreudiger Manier. Das nimmt nicht Wunder, wenn die frühe Entstehungszeit des Werks (1853), also das 17. Lebensjahr des Componisten berücksichtigt wird (vgl. S. 5). Der zweite Satz bildet ein Marsch-Scherzo mit ergötzlich apartem Thema und einem Mendelssohnisch anklingenden Nebenthema, das Adagio ist schwärmerisch empfunden und von duftig gesättigtem Klange, leitet dann zum letzten Satz über, der infolge seines Marschrhythmus nicht genügend vom zweiten Satze absticht, übrigens einige

2*

kunstvolle Polyphonien in Gestalt einer Fuge und eines mächtigen Orgel-
punkts am Schluss enthält. Das Ganze wäre etwa als ein Mendelssohnisch
angehauchter »junger Beethoven« zu charakterisiren, liebenswürdige Musik,
die überdies in einem vom Componisten besorgten vierhändigen Arrangement
vorhanden ist und namentlich in dieser Gestalt Freunde gefunden hat und
finden wird.

II. Zweite Symphonie (A-moll, op. 55, J. Pasdeloup, dem Leiter
der populären Concerte, gewidmet, 1859 componirt, 1878 veröffentlicht).
Das Werk ist in Deutschland häufig zur Aufführung gelangt. Ihrem geringen
Umfang nach, sowie wegen der äusserst bestimmten Knappheit der Form,
die dem leicht gefügten und geschmeidigen, theils träumerischen, theils anmuthig bewegten, zu Anfang und später auf Momente auch ein wenig me-
lancholischem Charakter des Ganzen durchaus nicht Abbruch thut, müsste
das Werk Sinfonietta betitelt werden. Die bezeichneten Stimmungen kommen
durchgehends mit einer Intimität zum Ausdruck, dass das Stück die Kammermusik streift, eine Eigenschaft, die durch die zarte Instrumentirung (ohne
Posaunen, also nach heutigem Sprachgebrauch für »kleines« Orchester; im
zweiten Satz verwandelt sich die zweite Oboe in ein englisches Horn, im
letzten kommt noch eine kleine Flöte hinzu) noch gefördert wird. Als
Arbeit am interessantesten und auch in der Stimmung am einheitlichsten ist
der erste Satz (Allegro marcato $^6/_4$, Allegro appassionato), dem eine
kurz angebundene Melancholie zu Grunde liegt. Gleich nach den ersten
wenigen Accordschlägen erklingen diese eigenthümlichen und dabei herzlich
schlichten ab- und aufwärts stürmenden Terzenschritte, die den Satz beherrschen und aus denen sich auch bald das gleich darauf verarbeitete Fugenthema entwickelt. Dieses wird immer mehr durch Contrapunkte bereichert,
und zwanglos in der schon vorweggenommenen rhythmischen Weise erscheint
als Nebenthema eine »zart winkende« Weise. So scheint alles sich aus dem
ersten Fugenthema zu ergeben, wie dieses jenen Terzenschritten entspross,
und zu bewundern ist nur die nicht ein Nötchen zuviel und zuwenig auf-
wendende Oekonomie, mit der diese Einheitlichkeit des melancholischen
Grundtons erreicht ist. Der zweite Satz (Adagio, E-dur, $^3/_8$) überschreitet den Umfang einer
Episode oder eines Intermezzos nicht, als welches er auch nach seinem geringen Zusammenhange mit dem ersten Satz bezeichnet werden darf. Er
besteht in einem überaus zart gestimmten lieblichen Idyll, das in dem Mittelsatz des Violoncell-Concerts ein Gegenstück findet, hier durch das Fehlen der
Individualität des Soloinstruments nur noch traulicher und eingespon-
nener wirkt. Die kleine Schlussgruppe, die zuerst den Holzbläsern (ohne
Fagott) zuertheilt wird, einfache absteigende Accordfolgen, die dann, von
zarten Fragen des Fagotts und der Flöte unterbrochen, an die Streichinstrumente
übergehen, kehren noch einmal vor dem Schluss des vierten Satzes als Erinnerung wieder. Der Rhythmus dieses Satztheilchens im schnellen Zeitmaass eröffnet den dritten Satz (Scherzo presto $^3/_4$), der in seinem Haupttheil
einem unwirschen Missbehagen Ausdruck giebt, das im Nebenthema sich
melodisch concentrirt und dadurch ein wenig abgemildert wird. Die Terzenfolgen des ersten Satzes kehren in ab- und aufsteigenden Theil getrennt,
jener schwer und thematisch (15 Takte vor A), dieser leicht und flüchtig

— 21 —

als Verzierungsfigur, wieder. Dieser Haupttheil in A-moll geht in ein liebenswürdiges kleines Pastorale über, das in der Solo-Oboe beginnt und sich bald contrapunktisch bereichert, vorübergehend von den schnellen Begleitungsfiguren der Clarinetten und der Flöte umspielt wird, sonst ebenmässig, nur durch einen kräftigen Schlussaccord beendigt, dahineilt, und so den ausgelassenen letzten Satz (Prestissimo A-dur $^6/_8$) vorbereitet. Auch einen weiteren Zusammenhang mit dem Scherzo bewahrt das Finale, indem das zweite Thema des Scherzo-Haupttheils auch das Nebenthema des Finales bildet, wodurch auch das Ausbleiben der sonst in der grossen Symphonieform üblichen »Reprise« des Scherzo-Haupttheils minder fühlbar wird. Als heftige Verfinsterung der im Uebrigen fröhlich bewegten Satzlaune erscheinen (16 Takte vor E) die absteigenden Terzenschritte der Bläser, die von den aufsteigenden, durch das Nebenthema in den Bässen unterstützten Geigen beantwortet werden. Bei der dritten Wiederkehr des Hauptthemas taucht dieses zuerst discret in den Bratschen auf. Nach der

Saint-Saëns 1880.

Wiederholung des Nebenthemas aus dem Adagio eilt der Satz in wiedererwachter Fröhlichkeit zu Ende.

III. Troisième Symphonie (en ut mineur, op. 78) À la mémoire de Franz Liszt (1886 geschrieben und veröffentlicht).

Am 31. Juli 1886 schied der grosse Franz Liszt in Bayreuth aus dieser Welt, die ihm Triumphe gebracht wie kaum einem Sterblichen zuvor, und die ihn dennoch in seinem heissesten heiligsten Streben, namentlich wenn er einem unbekannten Jünger der Tonkunst zur Anerkennung verhelfen wollte und gar wenn er die Geheimnisse kündigen wollte, die ihm selber die Muse in weihevollen Stunden geoffenbart, so oft und gröblich misskannt und herabgesetzt hatte. Die Bayreuther Festspiele, denen schon seit drei Jahren der Stern der persönlichen Anwesenheit Wagners erloschen war, hatten soeben wieder begonnen, und Liszt wurde nicht müde, ihnen ein aufmerksamer Zeuge zu sein. Es war, als ob die Werke seines Freundes noch das einzige Band bildeten, das ihn am Leben hielt, denn der greise Vater aller Pianisten, den die grössten mit und nach ihm, ein Rubinstein, ein Bülow, Tausig mit Ehrfurcht nannten, dessen Verkleinerung jeden von ihnen in Harnisch bringen konnte wie die Entweihung des Hehrsten auf Erden, war des Lebens müde. »Ich will nur noch sterben,« das war das Leitmotiv der kargen Herzensergiessungen, zu denen er sich im vertrauten Verkehr mit alten erprobten Bekannten, den Genossen seiner stürmischen Kampfjahre, herbeiliess. Niemandem ist der Tod ein willkommenerer Gast gewesen als ihm.

Die Nachricht von seinem Tode erschütterte alle, die seinem Herzen einst nahe stehen durften. Es war, als habe Saint-Saëns den Verlust des Freundes, des Vorkämpfers seines Talents geahnt; schon vorher setzte er ihm ein Denkmal, das weithin emporleuchtet aus der ganzen modernen

musikalischen Literatur, in welchem er sein edelstes Können zusammen-
fasste, ja sogar einen Schritt über alles, was er bisher geschrieben, hinaus-
ging. Seine »Orgelsymphonie«, wie sie kurz genannt wird, ist wohl die
Krone seiner Schöpfungen. Wie fast jede überragende Eingebung des
schöpferischen Genius, ist auch sie erst nach und nach zur Beachtung durch-
gedrungen, ja sie ist erst auf dem Wege dahin begriffen.

Mit einer Schnelligkeit concipirt und vollendet, die nur der ange-
spanntesten geistigen Concentrirung erreichbar ist, wurde sie zuerst in London
im Juni 1886, dann im September desselben Jahres in Aachen in einem
Benefizconcert des vor mehreren Jahren verstorbenen Geigers Fritz Wenig-
mann unter des Componisten Leitung aufgeführt. Der Verfasser dieser
Schrift wohnte dem Ereigniss bei und durfte der musikalischen Welt von
dem tiefen Eindruck, den das Werk auf ihn hervorbrachte, Zeugniss ablegen.
Mehrere Jahre vergingen, bevor er in einer französischen Monatsschrift eine
begeisterte Analyse der Symphonie las. Ganz allmählich, nicht ohne sein
wiederholtes Drängen, sind die grossen deutschen Musikstädte dem Werk
nähergetreten. Von einer allgemeinen Würdigung, wie es sie verdiente, ist
auch heute, nach 12 Jahren, noch keine Rede. Und doch bildet sie mit
Tschaikowskys pathetischer Symphonie das Beste, was die letzten 12 Jahre
auf dem Felde der reinen Instrumentalmusik gezeitigt haben. Ueberfluss
an würdigerem Programmmaterial ist es wahrlich nicht, was dem Werk
seine bisherige Vernachlässigung eingetragen hat.

Der Verlauf der Symphonie ist folgender:

Erster Satz. (Adagio 6/8, C-moll). Aus einer herb dissonirenden Accordfolge seufzt ein schmerzlicher Ausruf empor: der sich bald zu dem zuerst in
den flüsternden Streichinstru-
menten in abgestossenen Noten-
paaren sich bewegendem Hauptmotiv der ganzen Symphonie (Allegro
moderato 6/8) hinzu-
gesellt: Charakteris-
tisch an diesem Haupt-
motiv ist auch seine dreiaktige unruhvolle Gliederung im ersten Satz. Der
Ausdruck verhaltener Wehklage, der ihm zu Grunde liegt, schwillt nach und
nach zu einer beredten Klagemelodie an, die dann wieder am ersten Motiv,
diesmal legato, sich beschwichtigt. An diesen Theil schliesst sich als Auf-
heiterung ein zart wiegendes Motiv (zuerst in Des-dur) an, das sich schliesslich
bis zum Ausdruck energischen Triumphes erkräftigt (in F-dur) und eine solche
Eindringlichkeit gewinnt, dass sogar die erste Wehklage nunmehr in ein sanft-
schimmerndes Lächeln ver-
klärt erscheint: das freilich wie ein
Sonnenblick aus wol-
kenschwerem Himmel
vorübergeht, und mittelst einer Umkehrung jenes ersten Seufzers,
die sogleich seine Stelle einnimmt: sich wieder zur ersten Wehklage zurück-
wandelt, die diesmal
mit aller Kraft der Unabänderlichkeit einherwühlt.

Noch einmal wiederholt sich die gleiche Gedankenfolge, wiewohl abge-
kürzt und in anderen Tonarten, und noch einmal macht der erste Seufzer
jenes Lächeln ersterben, (Poco Adagio. 4/4) da ertönt ein leises Summen,
heilige Klänge der Orgel zeigen den Weg zu dem Frieden, der die sehn-

Saint-Saëns-Museum in Dieppe.

suchtsvolle Seele umfängt und der bald einer frommen Weise entströmt. Verklärung ist's, die sich in choralartigen Harmonien verkündet und die immer mehr über dem Erlösungsbedürftigen ihren tröstenden Schirm ausbreitet. Gleich dem Gegensatz von angebrochener Himmelsfreude und überstandenem Weltenleid wechseln am Schluss Des-dur und E-moll, bis jene den Begnadeten vollends zu sich hinanzieht. (Man 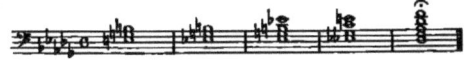 vergl. die Accordfolge:)

Der zweite Satz (Allegro moderato 6/8 C-moll) beginnt mit einem rechten Kampf- und Arbeitsmotiv von äusserster rhythmischer Festigkeit, als dessen Gegensatz bald ein aus dem Hauptmotiv des ersten Satzes umgebildetes Motiv des Mühens, abgerissen wie die Athemzüge des heftig Ringenden, erscheint:

Aehnlich wie in Tschaikowskys grossem Claviertrio A la mémoire d'un grand artiste, einem musikalischen Nekrolog auf seinen Freund Nicolaus Rubinstein, ist auch hier das Erdenwallen eines »Uebermenschen« dargestellt, wie er den harten Kampf mit den Feinden jedes erhabenen Strebens, der Mittelmässigkeit und der Missgunst, auskämpft, und wirklich erklingt, nachdem dieser Kampf sich erschöpft hat, eine prickelnd freudige Accordfolge (sich sogleich auf den rauschenden Harmonien des Claviers ausbreitend), die auf Sieg zu deuten scheint, ein Sinnbild fast übermüthiger Fröhlichkeit, die sich dann zu einer Cantilene zarten Schmachtens mildert: die Befriedigung über das erreichte Ziel birgt gleichzeitig die Sehnsucht in sich, dieses Ziel zu erweitern und es höher zu stecken. Einen Anlauf dazu nimmt der Held sogleich in contrapunctischen Verwebungen, sinkt jedoch noch einmal (diesmal in G-dur, vorhin in As-dur) in jenes süsse Schmachten zurück, um dann jenen ersten Kampf wieder aufzunehmen. Auch die prickelnde Accordfolge kehrt noch einmal zurück, doch an Stelle jener schmachtenden Weise ertönt diesmal erst unvermerkt, dann immer deutlicher und schliesslich allein herrschend (in kurzem fugirten Satz) ein feierlich ernster Mahnruf:

der dann, nur vom Hauptmotiv (ganz in der Tiefe und leise) begleitet, erstirbt. (Maestoso 6/4). Da erbraust ein mächtiger Orgelaccord und der Mahnruf schreitet energisch in vielfacher Nachahmung zweimal einher, und leise unter dem Gefunkel reicher Harmonien (Clavier zu vier Händen) erklingt jene Klage zum frohen Dankeshymnus umgewandelt. Wollen wir diesem merkwürdigen musikalischen Satzgebilde eine Deutung unterlegen, die es fast zu erfordern scheint, so ruft den um den Erfolg sich abmühenden Helden das göttliche Heil:  zu sich, die Kirche (Orgelaccord) nimmt ihn in ihren Schooss auf, und der einst Leidende ist nunmehr aller Qualen ledig.

Doch auch im Reich des ewigen Heils herrscht nicht die absolute Makellosigkeit, auch hier ist dem Erlösten das Ringen nach immer reinerer Heiligung

auferlegt, die letzten Schlacken müssen von der erdentflohenen Seele hinweg-
geläutert werden. Diesem Läuterungsprocess dient eine Fuge auf Grund des
aufgehellten
Leidensmotivs.

(Allegro 2/2):
sowie fernerhin eine dramatisch sich erregende Accordfolge (Orgel), bis über
dem leisen Rauschen der Streichinstrumente das Läuterungsmotiv erklingt:
das j dem

innig festen
Wunsch
nach völliger
Entsündigung
des Heilsuchenden entspricht. Auch jetzt noch ist diese Läuterung keine
bedingungslose, und so sehen wir unsern Helden wieder dem früheren Ringen
verfallen, das sogar verschärft erscheint, je erhabener ihm das Ziel hinauf-
gerückt ist. Die vielstimmige Verarbeitung ist das künstlerische Ausdruck-
mittel dieser Verschärfung:

Doch jene Mahnung (Beisp. S. 23 As-dur) zeigt ihm aufs Neue das Heil in erreich-
barer Nähe, und wieder bricht sein Dankesgefühl (in dem Hymnus, der Um-
wandlung seiner Klage) empor. Der musikalisch-psychologische Vorgang
wiederholt sich noch einmal in anderer
Tonart und mit immer siegfreudigerem
Ausdruck, bis mit der Fanfare:
die über dem lang ausgehaltenen Orgelpunkt feste Wurzeln fasst, der Sieg
selbst, die Erlösung zum ewigen Heil sich verkündet.

Kein Werk unseres Meisters kann sich einer gleichen Tiefe der
musikalischen Gedanken, einer gleichen Folgerichtigkeit ihrer Arbeit, einer
solchen Kunst des Contrapuncts, die namentlich gegen den Schluss hin die
Wunderwerke unserer alten Heroen erreicht, berühmen. Liszts Feuergeist
und die Trauer um seinen Verlust haben ihm diese That vollbringen helfen.
In der That ist die Spur, nicht von directen Anlehnungen, aber von dem
Hauch des Liszt'schen Geistes durch das ganze Werk stets merkbar. Die
augenscheinliche Zuspitzung des Gedankenganges der Symphonie auf das
religiöse Heil deckt sich völlig mit dem in Liszts Seele seit seinen Jünglings-
jahren schlummernden, während seines ganzen Lebens immer wieder zum
Durchbruch gelangten und endlich durch seinen Eintritt in den geistlichen
Orden bekräftigten religiösen Hang. Hat er sich doch sogar mit der Frau,
die ihm die Freundin seiner reifsten Jahre und die Hauptanregerin seines
Schaffens gewesen, die er nie zum Altar führen durfte, obwohl beide ein
ganzes Menschenalter mit vergeblichen Anstrengungen deswegen verbracht,
so oft in heissem Gebete vereinigt, und entbrannte er doch stets von dem
Verlangen, das Band, das die Welt sündhaft schalt, vor dem allwissenden
Ergründer der Herzen zu weihen. Liszts Wirken und Sinnen, sein Ernst im
ersten, seine Gottergebenheit im zweiten der beiden Pole, zwischen denen er

gravitirte, sind in diesem Tongedicht zu erhebendem und mustergiltigem Ausdruck verewigt worden.

Aber auch auf die Form hat wohl das Vorbild Liszts einigen Einfluss gewonnen, wenigstens äusserlich, insofern von der abgerissenen Art, die Liszt bevorzugte, etwas in diese Symphonie übergegangen zu sein scheint; man denke an den Reichthum und Wechsel der Motive, des Zeitmaasses, das häufige Abweichen von dem Formschema, ferner die Modulation, die nirgends solche Kühnheit erreicht wie hier. Das ist freilich nur äusserlich, denn auch hier verleugnet Saint-Saëns nicht dieses feine Gefühl für Folgerichtigkeit oder, wie Wagner es nennt, diesen musikalischen Stil, die ihm das scheinbar Widerstrebende zu einem Organismus zusammenzwängen lehrt, ja ihn nichts niederschreiben lässt, was nicht Ausfluss einer einheitlichen Stimmung, Stufe eines fortlaufenden Gedankenganges sei. Diese Symphonie ist das grossartigste Denkmal, das Liszt bis jetzt erhalten hat.

IV. Suite Algérienne, Impressions pittoresques d'un voyage en Algérie à Monsieur le Docteur Kopff (op. 60, componirt 1880, veröffentlicht 1881).

Saint-Saëns 1889.

1. Prélude (En vue d'Alger) C-dur 8/9 Molto allegro. Der Satz bildet ein Meisterstück einer allmählich anwachsenden Tonbewegung. Es ist nicht wahrscheinlich, dass er ohne Wagners Einleitung zum Rheingold mit ihrem berühmten 137 Tacte langen Es-dur-Accord eine solche Breite des Anwachsens erhalten hätte. Einfachste Themen steigen über einem Paukenwirbel aus der Tiefe empor, bis sie nach 50 Tacten in den Holzblasinstrumenten (ausser Fagott) über einem breiten Harmoniengewoge der Streichinstrumente einherschweben, um nach weiteren 19 Tacten von glänzenden Fanfaren abgelöst zu werden, welche beide nun wie sie gekommen verschwinden. Bei aller thematischen und modulatorischen Einfachheit — kaum macht sich der Satz auf wenige Tacte vom Gängelband der Haupttonart frei — liegt über dem Ganzen ein starrer Glanz, eine ursprüngliche Elementarität, die recht wohl zu dem Auftauchen einer neuen fremden Culturwelt passt.

2. Rhapsodie mauresque (D-dur 6/8. 2/4. 3/4. Allegro non troppo). Ein »Wandergesang«, der mit einer einfachen, obwohl in seiner unbestimmten Tonalität (nach Dur hinweisend und es nie erreichend) eigenartigen Tonfolge beginnt, die immer reicher und verschiedenartiger umspielt wird, bis sie in verdoppelter Schnelligkeit vielstimmig verarbeitet wird; diese Verwickelung wird durch das in den Posaunen in der ursprünglichen Bewegung auftauchende erste Motiv wieder gelöst, als die Bewegung erstirbt und von einer neckisch eigenwilligen Tanzweise (2/4) abgelöst wird. Diese wird sodann durch eine mehr gesangsmässige Weise verdrängt, in der die kleine Septime (C in D-dur) den Vertreter der fremden Musikkultur bildet und die auch durch den fortwährend gegen seinen Dreitact rebellirenden Zweitact von Pauken, Tamburin (baskischer Trommel) und später noch Triangel rhythmisch fremdartig anmuthet. Kunst des Contrapuncts, Nach-

ahmungen, Verzierungen sind ebenso wenig gespart wie sonderbare Instrumental-
effecte (Trompete, Horn und Flageolettöne der Geige in Octaven).

3. Rêverie du soir (à Blidah, Allegro quasi andantino A-dur 6/8).
Der Componist hat sich vom Meeresstrande in das Innere des Landes be-
geben und versinkt in behagliches Träumen, das eine würzig laue Luft, ein
Frieden der Natur, ein Hineinklingen ferner Weisen, die einer maurisch-
spanischen Vermischung entquollen sind, in ihm wachrufen. Erst singt die
Bratsche in ihrer traulich verschwiegenen Art ein süsses Lied, die Geigen
im Einklang, später Flöte und Clarinette, antworten darauf, und inzwischen
halten erste und zweite Geige zärtliche Zwiesprache. Eine Episode voll
duftigster Traumstimmung.

4. Marche militaire française. Schliesslich gewährt es dem
Franzosen kein grösseres Vergnügen, als sich auch in der Fremde als
französischer Bürger zu fühlen und die Macht des Vaterlandes an den Roth-
hosen zu erkennen, die bei ihm vorüberziehen. Der musikalisch mehr ergötzliche als bedeutende Marsch lässt darauf schliessen, dass die Hand
Frankreichs, die über Algier lastet, milde genug drückt.

* *

Von weiteren Werken, die in die Gattung der Symphonie schlagen,
sind noch zu erwähnen: Rhapsodie Bretonne (op. 7 bis), eine Bearbeitung
der ersten und dritten der Trois Rhapsodies sur des Cantiques
Bretons für Orgel (1866 componirt und erschienen, Gabriel Fauré gewidmet),
Orient et Occident, Marche composée pour l'Union centrale des
Beaux-Arts appliqués à l'Industrie (op. 25), Allegro animato (Es-dur)
und Moderato assai sostenuto (G-dur $^3/_4$), 1869 geschrieben, 1870 gedruckt,
Marche héroique (op. 34, dem Andenken Henri Regnaults gewidmet,
1871 geschrieben und gedruckt, in Concerten häufig gespielt), Suite pour
Orchestre (D-dur op. 49, 1863 geschrieben, 1877 veröffentlicht), bestehend
aus Prélude, Sarabande, Gavotte, Romance und Final; zwei Bearbeitungen
spanischer Weisen: Une Nuit à Lisbonne, Barcarolle (Es-dur Allegretto 6/8)
und Jota Aragonese (Allegro non troppo, D-dur 3/8, opus 64, beide 1880
geschrieben und 1881 veröffentlicht), Sarabande et Rigaudon (opus 93, E-dur,
$^3/_4$ und $^2/_4$). In allem giebt sich ein überlegenes Kunstwissen, eine geschickte
Verwendung von Motivblüthen, wie sie sich ihm darbieten, geistreiche und
feinklingende Instrumentirung und möglichste Einfachheit des Ausdrucks kund.
Man sieht, die Musik ist in ihren Offenbarungen nicht erschöpft, es kommt nur auf
die Hand an, die in ihre Schätze hineingreift, um Interessantes ans Licht zu
fördern. Zu einem kühnen Förderer und Entwickler ist er freilich vorzugs-
weise in seiner dritten Symphonie geworden, wo ihn der Vorwurf veranlasste,
die gewohnten Geleise zu überschreiten. Es scheint nun einmal, dass der
Musik nach Beethoven nicht mehr anders beizukommen ist, als durch einen
Einschuss poetischen Feuersafts. Aber wegen der maassvollen Art, wie er
diesen sich zu Nutze macht, wegen seines Grundsatzes, die musikalische
Schönheit und Folgerichtigkeit als unumgängliches Erforderniss beizubehalten,
mehr als Beleber und Anreger, denn als Umstürzler und Neubildner behauptet
er einen vornehmen, vom milden Lichte der Schönheit bestrahlten Standpunkt.

WERKE FÜR THEATER.

Diejenigen, welche vermeinten, Saint-Saëns würde sich durch die Begeisterung seiner jungen Jahre für Wagner bestimmen lassen, in der Befolgung der Principien des grossen Bayreuthers auch sein eigenes Heil zu erblicken, sind durch die Opern unseres Componisten gründlich enttäuscht worden. Er hat in ihnen sogar mit einiger Geflissenheit immer mehr einen gegnerischen Standpunkt betont. Man darf ihn im Allgemeinen als einen Fortführer der sogenannten grossen Oper, wie sie auf französischem Boden erwuchs, bezeichnen; sein Fortschritt besteht darin, dass er durch Wagner für die dieser Kunstgattung theilweise anhaftende Unwahrheit, für den Widerspruch, in welchem sich der rein musikalische Formbau und die Zugeständnisse an die äusserliche Virtuosität der Sänger zur dramatischen Wahrheit setzen, sehend geworden ist, dass er im Ganzen von dem Bemühen durchdrungen ist, dem dramatischen Gedanken vermittelst der Musik zu stärkerer Eindruckskraft zu verhelfen und ihn nicht durch Rücksichten auf den Haufen und die Sänger zu verschleiern. Ferner macht er von dem Leitmotiv einen immerhin grundsätzlichen Gebrauch. Freilich führt er es höchst selten thematisch durch und versperrt ihm meist den Eingang in den musikalisch abgerundeten Satz. Dagegen erinnert er sich seiner gern, wenn ein Charakter in seiner hervorstechenden Individualität aus der Verwickelung mit Personen und Situationen herausgehoben wird, sich sozusagen auf seine innere Natur zurückbesinnt. Auch in der Gestaltung jener musikalischen Sätze zu Scenen, anstatt wie es früher üblich war, zu abgetrennten Musikstücken, giebt sich der Einfluss Wagners kund.

Dass ihm die fortreissende Leidenschaft zur Schürzung und Lösung des dramatischen Knotens versagt ist, wurde schon in der allgemeinen Würdigung gesagt. Er ersetzt diesen Mangel durch melodische Grazie und vor Allem durch ein feingemeisseltes Orchester, das der Hörer nicht müde wird, mit Entzücken zu verfolgen.

Und so übernimmt er das Erbe der Schöpfer der grossen französischen Oper mit dem redlichen Bemühen, ihr falsches Pathos, ihren hohlen Prunk zu meiden, fügt hier einen Ensemblesatz ein, weil ihn die Handlung rechtfertigt, dort gar eine Coloratur, die nicht in Widerspruch mit der Grundempfindung der handelnden Person geräth, er bleibt auch hier derselbe feine Geist und geschmackvolle Bildner, als den wir ihn überall erkennen, und wenn er nicht eine Schule zu machen, eine Epoche herbeizuführen vermochte, so hat er die Bühne dennoch mit mehreren Werken beschenkt, die namentlich in unserer Opernebbe eingehendster Beachtung würdig sind.

*
* *

Samson und Dalila.

Frau Viardot-Garcia als Zeichen der Erkenntlichkeit von den Verfassern gewidmet.

Oper in drei Acten und vier Bildern von Ferdinand Lemaire, deutsche Uebersetzung von Richard Pohl,

Musik von C. Saint-Saëns.

Erste Aufführung in Weimar auf der Bühne des Grossherzoglichen Theaters am 2. December 1877.

Kapellmeister Dirigent Eduard Lassen.

Dalila	Frl. Müller.
Samson	Herr Ferenczy.
Der Oberpriester	Herr v. Milde.

Erste Aufführung in Frankreich, in Rouen auf dem Théatre des Arts am 3. März 1890.

Dirigent Herr Henry Verdhurt.

Dalila	Frl. Bossy.
Samson	Herr Lafarge.
Oberpriester	Herr Mondaud.

Erste Aufführung in Paris am Edentheater am 31. October 1890.

Dirigent Herr Henry Verdhurt   Dirigent Herr Gabriel Marie.

Dalila	Frl. Rosine Bloch.
Samson	Herr Talazac.
Oberpriester	Herr Bouhy.

Samson et Dalila

Première Représentation à Paris à l'Académie Nationale de Musique le 23 Novembre 1892

Direction de MM. Bertrand et Campo-Casso

Personnages.	Rôles.	Interprètes.
Dalila	Mezzo-Soprano	Mme Deschamps-Jehin.
Samson	Ténor	MM. Vergnet.
Le grand Prêtre de Dagon	Baryton	Lassalle.
Abimélech, Satrape de Gaza	1re Basse	Fournets.
Un Vieillard Hébreu	2e Basse	Chambon.
Un Messager Philistin	Ténor	Gallois.
Premier Philistin	Ténor	Laurent.
Deuxième Philistin	Basse	Douaillier.

Hébreux. — Philistins.

Chef d'Orchestre: M. Édouard Colonne. — Chef des Chœurs: M. Léon Delahaye. — Chef du Chant: Paul Vidal

Divertissement réglé par M. H. Hansen. — Régisseurs: MM. Lapissida et Coleuille. —

Décors de MM. Amable et Carpezat
Costumes de M. Bianchini

Diese dem Clavierauszuge entnommenen Angaben bedürfen kaum eines
Commentars. Die ersten Anfänge der Entstehung der Oper reichen ins Jahr 1868.
Im Jahre 1877 wurde sie veröffentlicht, vermuthlich auch erst vollendet. Der
gütige Liszt, der damals stets einige Sommermonate in Weimar zu verleben
pflegte und an dessen Pforte kein Künstler von Talent jemals vergeblich
angeklopft hat, setzte die Hebel seines mächtigen Einflusses in Bewegung,
um das Werk in Weimar zur Aufführung zu bringen, wobei er an Lassen,
dessen musikalische Art ein bedeutendes Maass von Congenialität mit Saint-
Saëns aufweist, einen eifrigen Helfer fand.

Merkwürdig genug, dass trotz der beifälligen Aufnahme, die »Samson«
daselbst fand, trotz der von deutschen Theaterleitern nicht übersehenen
Wiederholungen sich keiner fand, der es seiner Bühne einverleiben wollte.
Und erst jetzt scheint der chronische Novitätenmangel sowie die unverlösch-
bare hohe Bedeutung des Werkes ihm den Weg zu ebnen.

Fast noch trauriger ist wenigstens das frühere Geschick der Oper im
Vaterlande des Componisten gewesen, wo dieser volle dreizehn Jahre bis
zur ersten Aufführung zu warten hatte. Von der musikalisch ziemlich ge-
wichtigen Provinzialstadt Rouen fand es dann freilich schnell den Weg nach
Paris, wobei es nicht ganz feststeht, ob der Kapellmeister Verdhut der Oper
oder sie dem Kapellmeister den Weg bahnte, genug dass er sie in Rouen
wie in Paris dirigirte. Endlich zwei Jahre später bequemte sich die Grosse
Oper oder wie sie sich stolz nennt, die Nationale Musik-Akademie zu ihrer
Aufführung. Das sie nunmehr bei den Franzosen festen Fuss gefasst hat,
beweist ihre Wiederaufführung bis in die jüngste Zeit. Natürlich hat die
Brüsseler »Monnaie« auch in diesem Falle das Gute genommen, wo sie es fand.
Zweierlei Dinge gehen aus der Geschichte dieser Oper hervor, erstens dass
es in Frankreich um die Tonsetzer, die ein neues Werk anbringen wollen,
doch noch erheblich schlechter bestellt ist, als bei uns in Deutschland, wo
Klagen über Vernachlässigung der jungen Tonsetzer sonst zur Tages-
ordnung gehören. Und dabei war Saint-Saëns in Frankreich doch nicht unbekannt, er gehörte, namentlich seit Bizets Tode, zu den Meistgenannten.

Freilich darf man nicht vergessen, dass dank unserer Decentralisation
in Deutschland die für eine Erstaufführung in Frage kommenden guten
Bühnen weit zahlreicher sind als in Frankreich, und dass der deutsche Tonsetzer schon dadurch günstiger gestellt ist. Und zweitens zeigte sich hierbei
einmal wieder, dass die im Publikum leider sehr verbreitete Meinung, als ob
die Gegenwart für die Entdeckung künstlerischen Werthes hellsichtiger
geworden sei als die düstere Vergangenheit, ein Irrwahn ist und nur darin
einen Anschein von Begründung finden kann, dass ein Bühnencomponist, sobald er einmal entdeckt ist, infolge der Bestimmungen über das Urheber-
recht heute nicht mehr Hungers zu sterben braucht, wie Mozart und Lortzing.
Samson und Dalila sind recht wohl darnach angethan, Gemeingut der ganzen
musikalischen civilisirten Welt zu werden.

Schon hinter dem geschlossenen Vorhange hervor dringen die Weherufe
der von den Philistern zu Gaza geknechteten Israeliten. Die während eines
kurzen Instrumentalsatzes sich öffnende Scene gewährt uns den Ausblick auf

den Tempel Dagons, des Philistergottes, der zur Zeit wenigstens über Jehovah den Sieg davongetragen. Neue Klagen erschallen, während die Musik an Bewegung und innerer Erregtheit wächst: sogar zu bittern Vorwürfen gegen den Stammesgott versteigen sich die Unglücklichen: »Vom Feinde sah'n wir unser Land verwüsten«, wobei ein energisches Fugato die Klage vermannigfacht und dennoch das Vielerlei kunstvoll ordnet. Auf den heiligen Bund berufen sich die Gläubig-Naïven, den Gott mit ihren Vorfahren geschlossen und den er anscheinend gebrochen habe! Da schreitet Samson hervor (das düstere H-moll wird durch ein strahlendes Es-dur abgelöst), spricht den Verzagten Muth ein und ermahnt die Freunde, die nur noch Thränen für ihr Schicksal haben, die Zuversicht auf endlichen Sieg nicht fahren zu lassen (in einer schwungvollen hymnusartigen, thematisch interessanten und feincontrapunctisch gearbeiteten Anrufung Gottes). Der Satrap von Gaza Abimelech weist höhnend auf ihre Niederlage hin, die ihr schwacher Gott nicht habe verhüten können. Eigenartig wirkt die Führung der Gesangsstimme mit dem Bass und die Unterbrechung der düster aus der Tiefe der Klangwelt dringenden Phrasen durch sprühende Ritornelle in höchster Höhe, wodurch der Heide Abimelech von dem auserwählten Samson unterschieden wird. Nur um so begeisterter entbrennt Samsons Siegeshoffnung, die schliesslich in einen alles fortreissenden Triumphgesang ausbricht und ihn als einen von der Gottheit erleuchteten Propheten erscheinen lässt. Mit Staunen und bald mit berechtigter Besorgniss gewahrt Abimelech das Anwachsen der Siegesstimmung unter den Hebräern, und als er den Aufruhr kurzer Hand zu ersticken sucht, indem er auf dessen Anstifter eindringt, kommt ihm Samson zuvor, entreisst ihm das Schwert und trifft ihn dermassen, dass er eben noch Zeit hat, an seines Dagon Zuverlässigkeit einige Zweifel aufzuwerfen und den Anbruch der Befreiung der Hebräer zu erleben. Die Musik, die ihrerseits seit dem Emporlohen des Kampfesmuths Samsons und der Hebräer an stürmischen Tonfolgen und kühnen Modulationen nicht kargt, steigert sich immer mehr zu packender Grossartigkeit. Samson eilt mit seinen Genossen davon, um das Werk der Befreiung zu vollenden. Seine That hat die zurückbleibenden Philister vor Schrecken gelähmt und vergebens kanzelt der Oberpriester Dagons in einem stürmischen Recitativ die Feigen ab. Schon erscheint ein Bote, der von dem unaufhaltsamen Siegeslauf Samsons berichtet. Der Oberpriester sucht, während im Orchester ein charakteristisches Zornmotiv tobt:

seinen Ingrimm in Verwünschungen auszutoben, ahnt auch wohl schon das Schicksal, das dem Weiberknecht Samson droht: »Wenn er ein Weib in Lieb' erkoren, Ueb' sie an ihm Verrath!« In eiliger Flucht verlassen die Philister mit der Leiche Abimelechs die Bühne, die sogleich von den triumphirenden Hebräern erfüllt wird. Ihr Sinn wendet sich sofort ihrem Gotte zu (in einer durch leise und breite Harmoniefolgen eingeleiteten Psalmodie, die sich nur auf wenige kleine Tonschritte in geringem Umfange beschränkt und durch überaus grosse Einfachheit einen altbiblischen Anstrich gewinnt). Recht gegensätzlich dazu erklingen die schmeichelnden Harmonien des Frühlingsliedes, mit dem die ebenso verführerische wie arglistige Dalila nebst ihren Genossinnen den Sieger begrüsst, und es zeigt sich, dass der zweite Feind, der hier dem Gottesstreiter in Gestalt der (ihm schon vorher bekannten) Geliebten gegenübertritt, der weitaus gefährlichere ist. Zwischen den einzelnen Phrasen des Liedes steigen Tonguirlanden empor, indess die Mädchen Blumen streuen und Dalila dem Helden die Augenblicke verschwiegenen Glückes, die sie mit ihm genossen, ins Gedächtniss ruft. Ein hebräischer Greis wird nicht müde, ihn vor den Fallstricken Dalilas zu warnen, und wie nöthig das sei, fühlt Samson selbst, indem er den Himmel um Kraft zum Widerstand gegen die Liebe zur Philisterin bittet. Auf dies von der geschmeidigen Ueberredungskunst Dalilas beherrschte Terzett folgt ein Ballet, das freilich weder Bizet noch gar Delibes erreicht, dessen beste Ergänzung also durch die Tanzkunst zu geschehen hat, damit die Umgaukelung Samsons eine vollständige werde, und endlich bestrickt ihn vollends Dalila mit ihrem einfach süssen, von Sehnsucht ge-

sättigten Liede: »Die Sonne, sie lachte, der Frühling erwachte und küsste die Flur.« Keine Macht des Himmels vermag den leidenschaftlichen Kampf der Gefühle, der in ihm entfacht ist, zu beschwichtigen.

Und Dalila, die beim Sinken der Nacht ihr Heim aufsucht, weiss nur zu gut, dass er kommen wird. Seinetwegen hat sie sich in kostbarste Gewänder gehüllt, die orientalischen Verschönerungskünste zu Hülfe gerufen. Eine Arie (die den zweiten Act eröffnet, nachdem im Vorspiel die chromatische »girrende« Tonfolge erklungen, die später in der zweiten Strophe ihrer Liebesarie wiederkehrt) athmet die ruhige Gewissheit ihres kommenden Triumphes. Zuvor noch erscheint der Oberpriester, um sie zu bereden, den liebestrunkenen wehrlosen Samson den Philistern auszuliefern. Er hat nicht nöthig, sie lange zu bitten, sie verschmäht gar sein Gold, und gesteht ihm freimüthig, dass auch in ihrem Herzen statt der

Vergnet als Samson.

geheuchelten Liebe ingrimmiger Hass gegen den Ueberwinder wohne und stets gewohnt habe. Im Orchester erdröhnt die 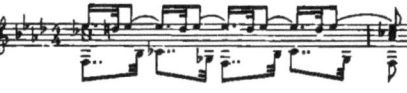 Freilich, so gesteht sie, sei es herb dissonirende und ihr bisher noch wildringende Tonfolge: nichtgelungen, das eigentliche Geheimniss seiner übermenschlichen Kraft zu ergründen und dadurch im entscheidenden Augenblick Gewalt über ihn zu erlangen: »Vergebens suchte ich tolle Liebe zu heucheln, vergebens hoffte ich sein Vertrauen zu erschmeicheln! Ich sah den stolzen Mann, als mein Arm ihn umwand, meinem Lager entfliehen, sobald er meinen Sinn erkannt« oder wie der französische Text vollständiger lautet: »S'arracher de ma couche et courir aux combats.« Heute, so zweifelt sie nicht, müsse er ihr alles enthüllen, heute wo er nach diesem nutzlos harten Kampf gegen ihre Reize ihr nur um so gewisser verfallen werde. Ein unheilschweres Verschwörungsduett vereinigt beide in dem nämlichen Wunsche der Ueberwindung des Feindes. In einem lauschig feinen Satz wird Dalilas Erwartung, in die sich dennoch ein leiser

Zweifel mischt, wieder unter Verwendung der erwähnten chromatischen Tonfolge geschildert. Jede Ungewissheit wird durch das Auftauchen Samsons
verscheucht. Eine müde verhaltene Musik mit geheimnissvollen Seufzern und
Schauern enthüllt uns die in ihm verborgenen Seelenqualen. Der kurzsichtige
Knecht seiner Neigung, der nicht das einzige Rettungsmittel ergriff, die Ver-
sucherin zu fliehen, nimmt noch einen schwachen Anlauf, ihr zu trotzen: »Er-
wählet von dem Herrn, folge ich seinem heiligen Willen, bleibe ich deinem
Zauber fern.« Wie er, seinem Gott getreu, auf ewig von ihr Abschied
nehmen will, hält sie dem Gott Israels den mächtigen Gott der Liebe entgegen,
und süss lockend lässt das
Orchester eine Verkapselung der
zwei Theile der Hauptmelodie
ihrer Sehnsuchtsarie (Schluss des
ersten Acts) erklingen:

In der bekannten Arie, die seit
mehreren Jahren zum Repertoire-
stück aller berühmten und unbe-
rühmten Altistinnen erkoren worden
ist: »Sieh, mein Herz erschliesset
sich« nimmt sie ihn mit Sanges-
zauber und holden Melodien so
sehr gefangen, dass die Arie am
Schluss zum Duett wird. Dennoch
ist ihre Rechnung, er werde jetzt
gefügig die Siegel seines Geheimnisses lösen, falsch. Sie quält ihn
wie nur Elsa und Carmen im Verein
einen Mann quälen können in einer
grossen Scene von innerster dramatischer Bewegung, von scharf
kennzeichnender obschon nirgends
bis zum Raffinement ausartender
Charakteristik, und dennoch scheut
er vor dem letzten Schritt, vor dem

OPERA
DE

C. SAINT-SAËNS

*Nach einem Pariser Plakat
im Besitze des Musikhistorischen Museums des Herrn
Fr. Nicolas Manskopf in Frankfurt a. M.*

Geständniss, durch welches Zeichen ihn Gott seinem Dienst geweiht, zurück. Sie
spart, als sie ihr Liebesmühen vereitelt sieht, die Koseworte nicht: »Feigling, nun
ist's genug! Geh', ich verachte dich, fahr hin!« Ihre Liebkosungen konnte
der starke Held ertragen, ihren Zorn nicht, und pflichtvergessen stürzt er ihr
nach in den der Liebe geweihten Raum, wo sich bald das Gefürchtete er-
eignet. Mit jähem Schrei ruft Dalila ihre Stammesgenossen, die sich inzwischen
im Dunkel der Nacht herbeigeschlichen, herbei und Samson wird überwältigt.
Der Clavierauszug enthält ein Titelbild: Dalila wie sie den abgeschnittenen
Haarschmuck Samsons mit teuflischer Schadenfreude emporstreckt, und er-
gänzt dadurch die Handlung, die mit dem Ausruf Samsons: »Verrath!«
innehält. Ein Gewitter, das mit dem Duett anhebt, um im Verhältniss zu
der dramatischen Steigerung immer heftiger auszubrechen, bildet eine stim-

Dalila.

mungsvolle scenische Folie zur Handlung. Als wirksamer dramatischer Kunstgriff ist die Verzögerung der Bestrickung des Helden und die Art, wie sie durch den emporlodernden Zorn Dalilas vor sich geht, zu bezeichnen. Das Ende des Akts erhält dadurch einen mächtig bewegten, packenden Abschluss.

So hat sich der Ring des Ungemachs über Israel wieder geschlossen, und der unbedachte Streich des Einzelnen hat über das Schicksal eines ganzen Volks entschieden. Freilich liegen die Umstände erheblich anders als im ersten Akt, und obschon das Unglück hier wie dort das Leitmotiv bildet, so ist dessen Ausgestaltung eine sehr abweichende. Samson schmachtet in Ketten im Dunkel eines Kerkers und muss niedrige Frohnarbeit verrichten. Sein Haupt, das sonst eine üppige Haarfülle zierte, ist kurzgeschoren, seine Wangen eingefallen und blass, seine Augen geblendet. Seine reuigen Selbstanklagen werden noch durch seine Freunde bestärkt, deren Vorwürfe von draussen in seine stille Zelle dringen. »An Gott, der ihn erwählte, hat er gefrevelt um eines Weibes willen«, so ruft ihm der Chor unaufhörlich ins Gewissen. Ein Zug erhabener Trauer durchzieht die ganze Scene, die wieder in ihrer Einfachheit und Gemessenheit an alte Tempelgesänge der Hebräer zu erinnern scheint und dadurch wieder das auserwählte Volk von den Heiden unterscheidet. Die Melodieschritte klingen manchmal an den stimmungsverwandten langsamen Satz von Mendelssohns italienischer Symphonie an. Philister schleppen den Gefangenen schliesslich von dannen, während sich die Scene verwandelt und uns bald das Innere des Dagontempels erblicken lässt. Wieder erklingen wie bei Samsons siegreicher Rückkehr im ersten Akt die Klänge des Frühlingschors; das »Erwachen der Priesterinnen« und ein Bacchanal, das eher als die übrigen Nummern einen exotischen Anstrich an sich trägt, lässt die Philisterinnen ihre Reize entfalten. Mitten in die Festeslust geräth Samson, von einem Knaben geführt. Er soll ein Liebeslied zum Preis Dalilas singen, so lautet des Oberpriesters sarkastischer Auftrag. Seinem Munde entringen sich nur tieftraurige Gebete zu Gott. Dalila erinnert ihn an die Schäferstunden, die sie mit ihm verlebt, und berühmt sich ihres Verraths, ihres Hasses gegen ihn, ihres Gehorsams gegen Dagon und seine Priester. Motive aus ihrer zweiten Arie erklingen in frivol leichtfertiger Abwandlung. Aufs Neue fordert ihn der Oberpriester auf, das Siegesfest zu Ehren Dagons zu verherrlichen und lässt es dabei an Schmähungen und Spottworten gegen den überwundenen Jehovah nicht fehlen. Aus tiefstem Ingrimm richtet Samson die heisse Bitte gen Himmel, ihm nur einmal noch seine Sehkraft und die alte Stärke seines Arms zu verleihen, worüber freilich die Philister in nicht geringes Gespötte ausbrechen. In der vergnüglich lebensfrohen Weise, in der die Philister gekennzeichnet werden, nimmt das Dankopfer seinen Anfang, Tränke werden in die Flamme gegossen, der Oberpriester und Dalila, beide ihre Stimmen meist in canonischer Weise verflechtend, führen das grosse Wort. Immer rauschender bricht die Siegesfreude hervor, bei der dritten Trankspende leuchtet die Flamme hoch auf, zum vermeintlichen sichtbaren Zeichen der Gegenwart des Gottes. Die ganz von wildem Freudentaumel ergriffenen Philister gewahren nicht, wie Samson sich zwischen die beiden Marmorsäulen hat führen lassen, auf denen das Dach des Tempels ruht. Noch ein inbrünstiges Stossgebet und das ganze prächtige Bauwerk kracht zusammen, ein letzter gewaltiger Todesschrei ringt sich aus den Trümmern hervor, die den Heiden und ihrem nunmehr entsühnten Widersacher zum gemeinschaftlichen Grabe werden.

Wie schon angedeutet wurde, stellt sich der Textdichter vollkommen auf den alttestamentarischen Standpunkt. Jehova wird durchaus als der Schirmgott des engern jüdischen Stammes angesehen, den er auserwählt, mit dem er eine Art gegenseitigen Bündnisses geschlossen, dem er als Belohnung für genossene Verehrung und ihm wohlgefälligen Lebenswandel seinen Schutz und Schirm angedeihen lässt. Das Zurückgehen des Componisten auf die Uranfänge der Musik, wie sie uns in alten Kirchengesängen, in wenigen Resten griechischer Musik erhalten sind (wie in dem Dankhymnus der Hebräer am Schluss des ersten Akts) tragen dazu bei, diesen Standpunkt noch zu verstärken, und es ist ein Stück althebräischer Culturwelt, die zu reconstruiren die beiden Verfasser versucht haben. Sie sind dabei mit nicht minderer Pietät zu Werke gegangen, wie, um ein moderneres Beispiel anzuführen, etwa Sudermann in seinem Johannes. Mit gleicher historischer Treue sind die Philister vom Dichter behandelt worden. Auch ihnen ist Dagon der Stammesgott, der sie gegen die Feinde schützt, und mit einiger Verwunderung werden diejenigen, welchen die Bezeichnung Heide mit Polytheist gleichbedeutend ist, gewahren, dass die Philister im Grunde genommen Monotheisten waren wie die Hebräer, und sich nur durch Namen und Moralgesetze ihres Gottes unterschieden, dass aber sonst weder sie noch die Hebräer Anspruch darauf erhoben, ihren Stammesgott auf den ihm erst später eingeräumten Weltenthron zu erheben, was ihnen schon deswegen völlig fernlag, weil sie dann auf die Sondervorrechte, die ihnen ihr Abkommen mit dem Stammesgott gewährte, hätten verzichten müssen und weil das Evangelium von der allgemeinen Menschenverbrüderung damals auch theoretisch noch ein unbekannter Begriff war. Aufs Deutlichste werden die moralischen Anschauungen der beiden Völker von einander unterschieden, und während bei den Juden Tugenden aller Art gedeihen, deren Vernachlässigung eben auch die Unterjochung durch die Philister im Gefolge hatte, sind diese dem schwelgerischen Wohlleben ergeben. Namentlich in Bezug auf die Freuden der Liebe huldigen sie einer Nachsicht, wie sie früher auf den Sandwichsinseln gebräuchlich war, bevor die Europäer daselbst einer strengeren Auffassung zur Herrschaft verhalfen. Dalila, welche Pristerinnendienste verrichtet, hält es mit ihrem Beruf durchaus für vereinbar, mit Samson schon lange Zeit in zärtlichen Beziehungen zu stehen, bevor sie die Liebe als Mittel benützt, um ihm sein Geheimniss zu entlocken, reicht also deswegen selbst von philisterischen Standpunkt aus nicht an Judith heran, die sich ausschliesslich ihrer Reize bediente, um Holofernes den Todesstreich zu versetzen. Die beiden uralten Gegensätze der Entsagung und der Genussfreude treten uns hier in prägnanter Gestalt vor Augen: bei den Hebräern alte Tempelgesänge, schmucklos strenge Anbetung, bei den Philistern ausgelassene Tänze und Auslösung der Triebe, die der neuerwachte Frühling mit doppelter Gewalt aus dem nicht durch Enthaltsamkeitsvorschriften eingeengten Menschenherzen hervorbrechen lässt.

Der Componist konnte freilich nicht das nämliche Verfahren einschlagen, wie der Dichter, da uns wohl über die religiösen, auf phönizischem Boden wurzelnden Anschauungen der Philister, aber nicht über ihre Tonkunst Belege überliefert worden sind. Er behielt daher als Grundzug, der wenigstens als historisch vom modernen Hörer empfunden werden kann, die antike Schlichtheit bei und verlieh den Philistern im übrigen Süssigkeit und Anmuth der Melodie als das dem verweichlichten Genussmenschen Entsprechende. Mit Ausnahme des erwähnten Bacchanals sah er völlig von

Ende des 3. Aktes.
Nach der Aufführung im Théatre National gezeichnet von Paul Destez.

der sonst zur wahren Cardinalregel erhobenen Gepflogenheit ab, alles was unserer Cultur fremd und namentlich was morgenländisch ist, durch Tonleitern mit übermässigen Intervallen und vertrackte Rhythmen zu kennzeichnen. Was die Philister musikalisch also an exotischer Eigenthümlichkeit einbüssten, gewannen sie an melodischem Reiz, der um so mehr angebracht ist, als jener künstliche Exotismus als Gegensatz zur hebräischen Strenge zuviel des Herben angehäuft hätte.

Werden die Philister uns durch diese musikalische Schönheit, die sie umgiebt, menschlich nahegerückt, so haben Dichter und Componist die Strenge der Hebräer durch psychologische Vertiefung ihrer Handlungsweise zu mildern gewusst. Eine Ausnahme hiervon macht der Siegeschor der Hebräer im ersten Akt, dessen gottergebene Passivität zu sehr in Widerspruch mit der soeben entfalteten unüberwindlichen Sieghaftigkeit steht. Die Seelenkämpfe Samsons sind ebenso dramatisch wirksam, wie modern verfeinert, und auch in den Seelen der Hebräer, die zuerst verzweifeln, dann sich begeistern lassen, gläubig Gott verehren, den Schwächling verachten oder zum mindesten beklagen, der eines Weibes willen sie und Gott verrieth, regt sich überall ein allgemeinmenschliches, obschon im Vergleich zu den Philistern hoheitvolles Empfinden.

Das wären wohl die tieferliegenden Ursachen, die uns diese Oper besonders werth machen und alle, die es angeht, veranlassen müssten, aus ihrer bislang dem Werk gegenüber beobachteten Reserve herauszutreten.

Andererseits darf nicht verschwiegen werden, dass namentlich dem ersten Akt in seiner Theaterwirkung eine gewisse Lahmheit anklebt, die sich daher schreibt, dass der wichtigste Vorgang des Akts: Samsons Siegeszug, sich hinter den Coulissen abspielt, ja nicht einmal seine Schlaglichter auf die Bühne entsendet. Der erwähnte Dankhymnus der Hebräer, der die Stelle eines sehr berechtigt gewesenen rauschenden Triumphgesanges einnimmt, trägt nicht dazu bei, jenen Mangel aufzuheben. Um so einheitlicher wirkt der zweite Akt, der in seiner Geschlossenheit und seinem allmählichen Fortschritt an das grosse Liebesduett in Tristan gemahnt.

Wieso Dalila das Wunder fertig bringen könne, gleichzeitig zu lieben und zu hassen? Darf sie nicht den prächtigen Jüngling lieben und den Feind ihres Volks hassen, den Menschen in ihm gern haben und den Politiker verabscheuen? Sie ist eine arg sinnliche Natur, sonst würde sie ihn im dritten

Akt nicht abthun, wie ein abgenutztes Kleidungsstück. Eine Sängerin von Temperament und Liebreiz wird an der Dalila eine fesselnde, wenn auch nicht leichte Aufgabe finden.

Die grosse Geschicklichkeit, mit dem die Verfasser im Uebrigen ihres Amtes walten, besteht in der Ausschaltung alles überflüssigen, die Handlung aufhaltenden und ihre Fäden verwirrenden Beiwerks, der Vermeidung der Scenen, wie des verhängnissvollen Haarschnitts durch Dalila, die auf der Bühne den strengen Gesammteindruck gefährden könnten, dann in der klaren Zeichnung der Charaktere, dem steigerungsvollen Aufbau der Scenen und Akte.

Saint-Saëns ist kein Anhänger des Musikdramas und musste es diesem Stoff gegenüber, der ihn, wenigstens soweit es sich um die Hebräer handelt, förmlich auf den Oratorienstil hinzwang, weniger sein, als er es sonst ist. Freilich hat er sich gehütet, eine Oper für den Concertsaal zu schreiben, und seine oratorienhafte Schreibweise ist immer klar und plastisch genug, sie ist andrerseits nie so feingegliedert und vielverschlungen, dass nicht das Theater der richtige Ort dafür sei, es ist knappe scharfe Theatersprache, deren er sich im musikalischen Sinne bedient. Dennoch wird man von den Zugeständnissen, die in der Oper alten Schlags an die musikalische Ge- staltungskunst und an die Virtuosität der Sänger üblich waren, hier nichts bemerken. Die Charakteristik der Worte, mit der es früher ja nicht genau genommen wurde, ist immer eine treffende und nimmt an Ausführlichkeit der Zeichnung zu, je mehr Wichtigkeit dem Worte im Drama zukommt. So hat ihm denn das Musikdrama doch darüber die Augen geöffnet, dass die Dichtkunst stets den musikalischen Ausdruck zu bestimmen habe, aber nicht die Musik die Dichtung zurechtrenken müsse. Und deswegen darf das Werk auch nach den Ansprüchen, die heute an die dramatische Wahrheit zu stellen sind, als ein durchaus modernes bezeichnet werden, das auch den extremen Anhänger des Musikdramas befriedigen muss, den gemässigten Musikfreund aber doppelt erfreut, da es von den Geburtswehen des Musikdramas, mit denen uns wohl nur die wenigen wahrhaft genialen Werke verschonen, nichts verspüren lässt, sondern auch die Charakteristik als etwas durchaus Natür- liches, Selbstverständliches, Unaufdringliches empfinden lässt.

ACADÉMIE NATIONALE DE MUSIQUE
Direction de M. Vaucorbeil
5 Mars 1883

HENRY VIII
Opéra en 4 Actes et 5 Tableaux

Personnages.	Rôles.	Interprètes.
Henry VIII, roi d'Angleterre	Baryton	MM. Lassalle.
Don Gomez de Féria, ambassadeur d'Espagne	Ténor	Dereims.
Le Cardinal Campeggio, légat du pape	Basse	Boudouresque.
Le Comte de Surrey	Ténor	Sapin.
Le Duc de Norfolk	Basse	Lorrain.
Cranmer, archevêque de Cantorbéry	Basse	Gaspard.

Personnages.	Rôles.	Interprètes.
Catherine d'Aragon	Soprano .	MMes Krauss.
Anne de Boleyn	Mezzo-Soprano.	Richard.
Lady Clarence, dame d'honneur de Catherine .	Soprano . . .	Nastorg.
Garter, roi d'armes	Ténor . .	MM. Malvaut.
Quatre Seigneurs	2 Ténors . . .	Piroïa-Girard.
	2 Basses . . .	Lambert-Palianti.
Un Huissier de la cour	Basse	Boutens.
Un Officier	Ténor	Gesta.

Seigneurs, Juges, Membres du Parlement, Officiers et Soldats, Pages, Dames d'honneur,
Hommes et Femmes du peuple, etc.

Ballet-Divertissement du 2e acte réglé par M. Mérante.

Mise en scène de MM. Régnier et Mayer.

Chef d'Orchestre: M. Altès. — Chef des Chœurs: M. J. Cohen.

Chef du Chant: M. Léon Delahaye.

Décors de MM. Rubé, Chaperon, J.-B. Lavastre, Lavastre Aîné et Carpezat.

Costumes de M. Eugène Lacoste.

1882 componirt, 1883 veröffentlicht, hat diese Oper von allen Bühnen-werken des Componisten bisher die weiteste Verbreitung gefunden. Den französischen Aufführungen sind solche in Brüssel, Prag, Hamburg, in England und Italien gefolgt.

HENRY VIII
OPÉRA EN 4 ACTES

Poème de Léonce DÉTROYAT & Armand SILVESTRE   *Musique de*

CAMILLE SAINT-SAËNS

*Nach einem Pariser Plakat
im Besitze des Musikhistorischen Museums des Herrn
Fr. Nicolas Manskopf in Frankfurt a. M.*

Im Vergleich mit Ascanio ist die Musik dem Text an Frische und Reiz über-legen, und da sich hier Gegensätze von greller Zeichnung finden, da unter der Decke des glänzenden Hof-gepränges Empfindungen grösster Zartheit und Tiefe pulsiren, so ist diese Vorliebe des kosmopolitischen musikalischen Publikums freilich erklärlich.

Ein frommer Hymnus mit zwei Hauptthemen altenglischen Ur-sprungs bildet die kurze Einleitung. (Erster Act). Don Gomez, der soeben zum spanischen Gesandten am englischen Hofe ernannt wurde, vertraut dem englischen Edelmann Norfolk seine Neigung zu Anna von Boleyn, die König Heinrich VIII. seiner Gemahlin Katharina als Hof-dame beigegeben hat. Die Schil-derung ihrer Reize (zwei Themen, das eine seine reine Liebe, das andere ihren Liebreiz ausdrückend) bildet ein Gegenstück zu Raouls Romanze. Die Ehrung der Geliebten durch den König scheint bei dessen gewaltthätigem und unbeständigem Sinn und bei seiner nur zu begehrlichen Galanterie dem Norfolk nicht ganz ungefährlich. Treffend verdüstert sich der musikalische Ausdruck, der gar bei der Nachricht von der Verurtheilung des früheren Günstlings Buckingham zum Tode einen unheimlichen Zug annimmt. Ein echter Höfling spricht von seinem Herrn hinter dessen Rücken schlecht, um in seiner Gegenwart vor ihm zu katzbuckeln. Der »Meineidige« von soeben wird im Munde der versammelten Hofleute zu einem »gerechten Beschützer der Tugend«. Indess nimmt Heinrich die Nachricht von Gomez' Verlobung, da er nicht weiss, dass Anna die Verlobte ist, huldvoll auf (mit flüssig-geschmeidiger Musik) und widmet sich weiter ernstlich seinen Staats- und Herzensgeschäften. Hat er doch wegen neuer Heirathspläne schon beim Papst intervenirt, der aber den mit schwerem Herzen gegebenen Consens zur Heirath mit Catharina, der verwittweten Schwägerin Heinrichs, nicht auf eine Laune des Königs hin spornstreichs wieder lösen will. Seine Qualen schildert eine Arie mit stürmischem Mittelsatz und schmerzlich schmachtender Cantilene im Hauptsatz, die des dämonischen Zuges nicht entbehrt. Die rührende Fürbitte Catharinas für Buckingham schlägt er barsch (mit drastischem Tyrannen-Leitmotiv) ab, betheuert ihr seine Liebe (vor den Worten »Que dites-vous là, Catherine«: eine heuchlerisch-vorwurfsvolle Phrase), um sie dann mit Anspielungen auf die Illegitimität ihrer Ehe auf Grund des Leviticus — für die Trümpfe seiner krausen Dialektik ist ihm auch das Gerümpel der mosaischen Gesetzgebung nicht zu bestaubt — und gar mit dem Vorwurf der Kinderlosigkeit zu quälen; ihre Thränen, ihr herzbrechender Gesang vermag ihn nicht zu rühren. Wie häuft er dagegen alle Gnadenbeweise auf Anna, die, (mit einem milden, menuettartigen Frauenchorsatz) kaum angekommen, sogleich zur Marquise von Pembroke ernannt wird und von ihm mit rückhaltlos hervorbrechenden Koseworten der Liebe bestürmt wird, zu des armen Gomez, der sogleich Alles erräth, nicht geringem Herzeleide. Eine merkwürdig düstere Folie zur Liebeswerbung des Königs bildet der Hinrichtungsmarsch Buckinghams, der von draussen hereintönt und selbst in der Brust der ebenso schönen wie eiteln Anna eine grauenvolle Ahnung ihrer eignen Hinrichtung erweckt (die bekanntlich nach der Zeit, in welcher das Stück spielt, buchstäblich in Erfüllung gegangen ist). Die widerstreitenden Empfindungen sind in einem meisterhaften Ensemble verwoben.

(Zweiter Act.) Im Park zu Richmond werden die Fäden der Handlung weiter gesponnen. Frühlingsdüfte wehen über die neugeschmückten Fluren, auf denen Pagen vom Hof ihre Klingen messen (in einem frohbewegten, naiven Chor von Tenor und Sopran). In etwas larmoyanter Weise klagt Gomez über die ungetreue Anna, die er (netter Es-dur-Satz $^6/_8$) immer noch liebt, als sie erscheint und einen weichlich linden Huldigungschor der Hofdamen entgegennimmt. Weniger höflich tritt ihr Don Gomez gegenüber, dessen Vorwurf sie gleichwohl noch zu entkräften sucht (seine Liebe wird durch das mehrfach wiederkehrende Liebesmotiv der ersten Scene des ersten Acts erläutert). Weitere peinliche Erörterungen schneidet der dazwischentretende König ab. Es gelingt ihm im Verlauf eines musikalisch ein wenig zerstückelten, zum Schluss in die schon aus der Einleitung dieses Acts bekannte schmeichelnde Cantilene ausmündenden Duetts, sie durch die Aussicht auf sein Herz, ja auf seinen Thron zu erweichen (»Je serais Reine!« ruft sie in Verzückung, während charakteristische Accorde in Secundenschritten erklingen). Der musikalische Ausdruck nimmt immer mehr an Wärme zu, je mehr sie seinen Wünschen geneigt wird. Auch die Königin weiss jetzt, wer ihres Gatten Herz erobert hat. Auf Annas Betheuerungen der Ergebenheit erwidert sie mit immer schneidenderem Hohne (vor ihren Worten: »Sans en être enhardie, tu souffrais des faveurs dont t'accablait le roi . .?« erklingt ein schrilles, spitzes Motiv), und als sie gar Annas nicht ganz einwandfreie Familienverhältnisse berührt und ihr unterschiebt, sie wolle durch des Königs Gunst sich ihre eigene Schande und die ihrer verstorbenen Schwester bezahlen lassen, da legt auch Anna die Maske ab (ebenfalls ein scharf charakteristisches Motiv, das ihren hellen Zorn kennzeichnet) und droht mit Vergeltung. Hier müsste das Duett enden. Mehr der Gewohnheit folgend, als dem Triebe des dramatischen Gedankens, wiederholt die Königin den dazu noch in gemässigtem Zeitmaass gehaltenen ersten Theil ihres Gesanges, obschon sie in diesem Aufklärung suchte, die sie in der Wiederholung gefunden, dort sie fürchtete, jetzt sie kennt, obschon

Madame Héglon als Anna Boleyn.

ihre erste Vertrauensseligkeit sich jetzt in den beissenden Schmerz über den ihr widerfahrenen Unglimpf verwandelt hat. Natürlich wird ihr gutes Recht, die Störerin ihres Eheglücks zur Rede zu stellen, in des Königs Augen zu einem Unrecht mehr, und er lässt sie es bitter entgelten (jene Secunden, die zuerst Anna mit der Königswürde blendeten, werden hier zu einem Unmuthsmotiv umgewandelt [in halben Tactnoten C-Des-Ges-G]). Ihren Einwürfen schenkt er ebensowenig Gehör wie denen des päpstlichen Legaten, den er barsch auf morgen bescheidet, um sich heute endlich den lange genug verzögerten Vergnügungen zu widmen. Diese nehmen den Rest des Acts ein (Eintritt der Clans mit englischer Originalweise, Idylle Ecossaise ebenfalls mit schottischer Volksmelodie, die durch die fehlende Septime eigenartig wirkt und weiterhin als launiger $^2/_4$-Tact verarbeitet wird, Fête du Houblon, Danse de la Gipsy, Scherzetto, eins so pikant und prickelnd wie das andre; eine ergötzliche Gigue bildet den Schluss).

(Dritter Act.) Eine dieser kleinen, genauer kleinlichen Ursachen grosser Wirkungen, in denen die grausame Ironie der Weltgeschichte öfters emporblitzt, wird im dritten Act enthüllt. Heinrich will den Schein des Rechts auf seine Seite bringen, und er thut es als ein Meister der Diplomatie. Der englischen Synode, die er zusammenberufen, um zwischen ihm und der Königin reinen Tisch zu machen (Aufzug und Gebet bieten ausser mächtiger Klangwirkung nichts Hervorragendes), setzt er seine bereits erwähnten Bedenken gegen seine erste Ehe auf Grund des Leviticus (3. Buch Mosis) auseinander und bittet gar den lieben Herrgott, die Schaar zu erleuchten. Was vermögen gegen diese heuchlerische Staatsraison die von Pflichttreue und Gattenliebe eingegebenen Herzensgründe der Königin, so mitleidsvoll ihr auch ein grosser Theil der Versammlung beipflichtet? (Ihr rührend schmerzlicher Gesang reisst die Uebrigen zu einem dramatisch und musikalisch gleich kunstvollen, mächtig aufgebauten Ensemble hin.) Als gar

Gomez mit Repressalien gegen die Unterdrückung der Rechte seiner Lands-
männin und Gebieterin (da sie ja dem spanischen Königshause entstammte)
droht, ruft der Fuchs Heinrich den Patriotismus der Versammlung an und
verpflanzt ihn, als auch der päpstliche Legat in das Horn seiner Widersacher
stösst, durch Herbeirufung der harrenden Volksmenge auf die Strasse. Er
verkündet Englands freie Kirche und
sich als deren Oberhaupt, und wirft
durch die Vorspiegelung der Ge-
wissensfreiheit den Funken in das
Pulverfass des Freiheitsdranges seines
vornehmlich durch ihn geknechteten
Volkes, und bald erbraust der Hymnus
des Vorspiels in Händel'scher Majestät
zum Himmel und verkündet den
Abfall eines bis dahin treuen Gliedes
von der katholischen Mutterkirche.
Vom Anfang abgesehen, darf diesem
Act ein monumentaler Aufbau und
eine dem historischen Moment völlig
entsprechende Gewalt des Ausdrucks
nachgerühmt werden. Der Dichter
hat sich ziemlich getreu an das Vorbild in Shakespeares Drama gehalten.
(Vierter Act, erstes Bild.) Inzwischen hat die anglicanische Kirche
durch die Trennung der Ehe Heinrichs mit Catharina und die Ein-
segnung des neuen Bundes mit

Gabriele Krauss als Catharina.

Anna von Boleyn ihre erste That vollbracht. Aber der König hat
nach dem Verrauschen der ersten bräutlichen Wonne das erhoffte Glück
nicht gefunden. Anna hat ihm von ihrem früheren Verlöbniss mit
Gomez nichts verrathen und hütet sich, je mehr sie die Eifersucht
ihres Gemahls erkennt, um so ängstlicher, es zu thun. Nun hat sie
ihre frühere Neigung, die zweifellos ihrem innersten Herzenswunsch entspross, in einem Brief gestanden, den sie an die damalige Königin Catharina
gerichtet hat. Sie wird von der Sorge gequält, ob nicht ihre Nebenbuhlerin diesen Brief gegen sie ausspielen wird, um zwischen ihr und Heinrich
einen unheilbaren Bruch zu bewirken. Die Einleitung schildert ihren Gemüths-
zustand; zerstreut blickt sie auf das Divertissement, das sich vor ihren Augen
(wieder mit eigenthümlicher englischer Melodie) abspielt. Die Abwesenheit
des Königs bei diesem Fest, seine schlechte Laune, die bald nach seiner
neuen Heirath von ihm Besitz nahm, sind weder ihr noch den Höflingen
entgangen. Gomez, der den König sucht, bereitet Anna nur eine mittelmässige Beruhigung, indem er ihr berichtet, Catharina habe alle Briefe Annas
verbrannt, bis auf den einen wichtigen, als der König erscheint (das finstere
Motiv: As-Des-BB-As deutet nicht auf rosige Laune). Zuerst über Gomez'
Anwesenheit misstrauisch, hört er gern dessen tiefempfundene, musikalisch
sehr anziehende Botschaft von der schwerkranken Catharina, die nicht auf-
höre, ihn zu lieben und nicht müde werde, des Himmels Gnade auf ihn,

der ihr so wehe gethan, herabzuflehen. Der Tyrann, bei dem sich auf-
brausendes Temperament mit schlauer Berechnung paart, beschliesst, die
Königin in Kimbolth aufzusuchen, weniger um ihr Verzeihen zu erbitten, als
um in Anna's Geheimniss einzudringen.

(Zweites Bild. In Kimbolth.) In Catharinas Sterbezimmer tönen die
Klänge des Hymnus, der den König und Kirchenstifter feiert (wie im Anfang
der Oper und am Schluss des dritten Aufzugs) hinein und rufen ihr grausam
die Erinnerung an ihre Heimath zurück. Sie vertheilt an ihre Getreuen Ge-
schenke, nur ein Gebetbuch legt sie für Gomez zurück, und in dies schliesst
sie den verhängnissvollen Brief. Früher als der König, tritt verschleiert
Anna bei ihr ein, die Gewissensbisse vorschützt, um dann von der un-
gläubigen Königin entlarvt von ihr den Brief, das Geheimniss ihrer ersten
Liebe, zu fordern. Am Schluss dieser packenden Scene schleudert Catharina
ihr ein geharnischtes Nein! entgegen, als der König und Gomez auftreten.
Der königliche Phrasenschmied rührt das Herz seiner »Veuve avant le temps«

durch die Beichte, dass er
»lâche et fou« war, um sie
für eine »créature infame,
dont le coeur n'est que
trahison« (alles in Annas
Gegenwart) im Stich zu
lassen, aber schon fühlt die
sterbende Catharina nur noch
das Bedürfniss zu vergeben,
damit auch ihr vergeben
werde, und auf die Forderung
des Königs, ihm den Be-
weis des gefürchteten Ge-
heimnisses auszuliefern, hüllt
sie sich in Schweigen. Anna
betheuert, sie hätte immer
nur den König geliebt, und
dieser, dem keine Heuchelei
zu niedrig ist, um sein Ziel
zu erreichen, bricht, um
Catharinas Eifersucht zu er-
regen, nun mit einer so
überströmend süssen Liebes-
melodie zu der eben noch
als »infame créature« ge-
brandmarkten Anna hervor

IV. Akt, Schlussscene.

Nach der Aufführung im Théâtre nationale gezeichnet von Henri Meyer.

(»Anne ma bienaimée«), dass
Catharina das widerliche Schauspiel nicht zu überleben vermag, freilich
nicht ohne jenen Brief vorher ins Feuer zu werfen und Gomez aufzu-
fordern, zu verzeihen. Heinrich bleibt mit dem Argwohn im Herzen
und der Drohung, eine Beschimpfung seiner Ehre mit dem Beil zu
rächen (wieder erklingen die Secundenschritte) zurück. Mit diesem fahlen
Dämmerlicht, das das Schlimmste nur für kurze Frist verhüllt, schliesst das
hochbedeutsame Werk.   *   *   *

ACADÉMIE NATIONALE DE MUSIQUE

Direction de MM. Ritt et Gailhard

(Paris, 21 Mars 1890)

ASCANIO

Opéra en 5 Actes et 6 Tableaux
d'Après le Drame »Benvenuto Cellini« de Paul Meurice
Poème de Louis Gallet
Musique de C. Saint-Saëns

Personnages.	Rôles.	Interprètes.
Benvenuto Cellini . . .	Baryton	MM. Lassalle.
Ascanio	Ténor	Cossira.
François Ier	Basse	Plançon.
Un Mendiant	Baryton	Martapoura.
Charles-Quint	Basse	Bataille.
Pagolo	Basse	Crépeaux.
D'Estourville	Ténor	Gallois.
D'Orbec	Ténor	Téqui.
La Duchesse d'Étampes .	Soprano dramatique . . .	MMes Adiny.
Scozzone	Contralto-Mezzo-Soprano . .	Bosman.
Colombe d'Estourville .	Soprano	Eames.
Dame Périne (Mime).		* * * *

Ouvriers, Apprentis, Élèves de Benvenuto
Seigneurs et Dames de la Cour de François Ier, Gardes, Hommes et Femmes du peuple.

(La Scène se passe à Paris, en 1539)

Au troisième Acte: Ballet-Divertissement réglé par H. Hansen.

Régisseur général: M. Mayer. — Régisseur de la Scène: M. Coleuille.

Chef d'Orchestre: M. A. Vianesi. — Chef des Chœurs: M. J. Cohen.

Chef du Chant: M. Léon Delahaye.

Décors de MM. Lavastre et Carpezat; Rubé, Chaperon et Jambon.

Costumes de M. Bianchini.

Während die Pariser Grosse Oper den Ascanio, dessen Erstaufführung trotz einer im letzten Augenblick nöthig gewordenen Umbesetzung der wichtigen Rolle der Scozzona und einer damit verbundenen »Umpunktirung« für Mezzosopran am 21. März 1890 glücklich stattfand, mit allem Eifer vorbereitete, während sie das Schiff der Aufführung an den Klippen der Lässigkeit der Mitglieder, den Sandbänken lauer Arbeit, Unpünktlichkeiten und Stilwidrigkeiten der Ausstattungskünstler und was sonst für Fährlichkeiten eine Oper auf ihrem Wege von der Geheimkammer des Componisten bis zu ihrem Einzug auf die weltbedeutenden Bretter bedrohen, geschickt vorbeisteuerte, war von dem Componisten immer noch keine Spur zu finden. Der Vater hatte sein Kind im Stich gelassen, und wo sonst jeder herbeieilt, um es für den Ehrenabend fein säuberlich herauszuputzen, da hatte der Componist es vorgezogen, die Oper der grossen, wie man weiss, nicht von allgemeiner Menschenliebe überströmenden Welt auszuliefern; Ascanio war verwaist. Des Vaters nervöse Schritte eilten während der Proben nicht vom Regisseur zum Sänger, er bewog mit einer auffahrenden Geste nicht den Kapellmeister einen Moment innezuhalten, bis jene falsche Nüance, diese sinnwidrige Geste in die rechte Form eingerenkt wäre, er rückte nicht hier einen Stuhl, da einen Teppich zurecht, rief nicht dem Beherrscher des Lichts zu, das Dunkel, in welchem die schlimme Herzogin d'Etampes sich von dem Gelingen ihres teuflischen Plans überzeugt, noch mehr zu verfinstern, den Glanz, der auf Cellinis Jupiterstatue fällt, noch zu erhöhen; die Ausführenden waren diesmal vor seinen schnell hingeworfenen übersprudelnden und manchmal recht sarkastischen Bemerkungen ebenso sicher wie sie seines Lobes über manche gelungene, in ihrer endlich erfolgten Verlebendigung den Componisten selbst überraschenden Wendung beraubt waren. Die Generalprobe, die in Paris das zu sein pflegt, was in den Kupferstichen die Drucke avant la lettre sind und die vor einem eigens eingeladenen Areopag der erlesensten Geister stattfindet, den das »Herz der Welt« birgt, sogar die öffentliche Erstaufführung ging von statten, ohne dass der kleine bewegliche Herr vor dem Vorhang erschien, um für den Beifall zu danken. »Merkwürdiger Fall!« Was war nur aus Saint-Saëns geworden?! Sonst hatte er doch seine Freunde mit einigen hingeworfenen Zeilen, denen meist auch eine kleine Augenblickszeichnung beilag, von der afrikanischen Nordküste oder den Canarischen Inseln aus erfreut. Noch im vorigen Jahr war wenigstens sein Textdichter Gallet stets davon unterrichtet, unter welchen Breitengraden sich der Ausreisser befand, ob es dort regnete, das heisst seine Muse schwieg, ob Sonnenschein herrschte, was mit reicher Compositionsthätigkeit gleichbedeutend war. Jetzt tappte auch dieser im Dunkeln.

Louis Gallet, Textdichter und Freund Saint-Saëns'.
(Nach einer Photographie im Besitze des Musikhistorischen Museums des Herrn Fr. Nicolas Manskopf in Frankfurt a. M.)

Die wunderlichsten Muthmassungen wurden über ihn laut und drangen wie erinnerlich auch nach Deutschland. Die Einen glaubten ihn wie sonst auf den Canarischen Inseln, die andern auf einem Abstecher zu den Quellen des Nil begriffen, Scharfsichtigere liessen ihn einen brennenden Lieblingswunsch erfüllen, indem sie ihn nach Java versetzten, mitleidsvolle Seelen meinten, ihm sei irgendwo in der Wüste oder auf einem Felsen ein Unglück zugestossen, und diejenigen, die das Gras wachsen hören, liessen geheimnissvoll durchblicken, sie hätten ihn an irgend einer Strassenecke in Paris vorbeihuschen sehen.

Unterdess liess der Componist in ferner Weltabgeschiedenheit den Ereignissen freien Lauf. Was die Missgunst seiner Gegner etwa verschulden konnte, um den Erfolg der Oper abzuschwächen, das sühnte der durch seine Abwesenheit noch gewachsene Eifer seiner viel zahlreicheren Freunde, und so konnte er aus den Zeitungen, den einzigen Sendboten der Heimath, die bis in seine Einöde drangen, einen schönen Erfolg seiner Oper herauslesen. Er ist dann ja auch bald darauf zurückgekehrt, um nicht freiwillig gegen seinen Ascanio die gleiche Vernachlässigung zu üben, die Wagner nothgedrungen als Verbannter gegen seinen Lohengrin beobachten musste, der einem grossen Theil des deutschen Publikums eine bekannte Bühnenerscheinung war, nur ihm allein nicht. Eine wunderliche Scheu, ein Anfall von hochgradiger Nervosität, vielleicht auch ein Zweifel an seinem Werk, vielleicht die Erwägung, es sei richtiger und kunstgemässer, wenn das Werk für sich selber spräche, als dass es durch das persönliche Eintreten des Componisten empfohlen würde, und vielleicht alles zusammen hatten seine Selbstverbannung veranlasst. Am wenigsten werden alle, die ihn genauer kennen, seinen Schritt der Reklamesucht zuschreiben, die ihm, so Auffallendes er auch mitunter gethan und gesagt, und so wenig ihm wie jedem andern mit der Oeffentlichkeit rechnenden Künstler die Vermehrung seines Namens gleichgültig sein kann, wenigstens in dieser abseits der Kunst gelegenen Form stets verhasst gewesen ist.

Jene Pariser Zeitungsstimmen sind für den Eindruck, dem die Oper in Paris begegnete, wie für das Wesen der Pariser Zeitungskritik so bezeichnend, dass hier einige Proben mitgetheilt seien. Sie sind einer Zusammenstellung in der Ascanio-Nummer der Revue illustrée 1890 No. 107 entnommen. Hören wir zuerst den verstorbenen Nestor der französischen Componisten, Gounod, der für das Emporblühen der musikalisch-dramatischen Kunst in Frankreich, namentlich seitdem er selber von dem Ringkampf um den Erfolg abgetreten war, ein aufmerksames Auge hatte und nicht wenig patriotische Aneiferung dabei entwickelte. Er schreibt:

»Wenn man sich nur um dreissig Jahre zurückversetzt, so ist man über die Umwälzungen, durch welche die Oper das geworden ist, was sie heute ist, betroffen. Daher denn auch eine analoge Verrückung des kritischen Gesichtspunktes. Ich gestehe, dass ich in Kunstdingen ein »System«, eine vorgefasste Theorie weder habe noch verstehe.

Was verlangt man von einem Maler vor allen Dingen? Er soll Maler bleiben, welches auch der Vorwurf zu seinem Gemälde sein möge. Genau so verhält es sich in der Musik. Dass im lyrischen Drama die Musik eine Ehe mit dem Drama eingehe, nur ein Einziges mit ihm bilde, ausgezeichnet! es ist ihre Pflicht; aber unter der Bedingung, dass in dieser unlöslichen Verbindung sie eine echte und schöne Musik bleibe, sonst wird die Verbindung nur zu einer erniedrigenden Sklaverei für den einen der Verbundenen. Die Schwierigkeit besteht darin, dem Gesetz, welches die complexen (aus mehreren Kunstzweigen verschmolzenen) Werke regiert, zu genügen, und darin besteht eben das Geheimniss der grossen Meister.

In Ascanio wie in den anderen Werken von Saint-Saëns findet man den Künstler wieder, der nicht einen Augenblick seine eigentliche Kunst vergisst oder aufopfert; stets und überall ist der grosse Musiker merkbar und überall erscheint ihm das Drama als ein Gesetz, nie als ein Joch.

Leidenschaften, Charaktere, Situationen, alles wird empfunden, alles mit einer gleichen Sicherheit der Unterscheidungskraft gestaltet; sei es durch den Gesang, die Deklamation, das einfache Recitativ, sei es durch die dramatische Aufgabe, die er sein Orchester erfüllen lässt, und das alles in einer musikalisch vorwurfsfreien Sprache und Form, bis zu solchem Grade, dass er noch wirkliche und festgefügte Musikstücke zu schreiben wusste, wo der Textdichter den dazu gehörigen Untergrund versagte.«

Victor Wilder, als Uebersetzer deutscher Lieder und Opern auch bei uns geschätzt, geht in seinem Lobe noch einen Schritt weiter:

»Um meinen Eindruck in zwei Worte zusammenzudrängen, Ascanio scheint mir — wohlgemerkt auf dem Theatergebiet — das Hauptwerk von Saint-Saëns; es kommt jetzt nur auf ihn an, uns das Monumentalwerk zu geben, das für die dramatische französische Musik den Ausgangspunkt einer neuen Aera bilden wird.«

Léon Kerst lässt sich im Petit-Journal also vernehmen:

»Wieviel hübsche Sachen, ganz abgesehen von denen, die man applaudirt hat! Welche bewundernswerthe Folgerichtigkeit der Gedanken, welche Vollkommenheit in der Abwägung und welche überlegene Beherrschung über sich! Es ist die Musik eines Weisen, eines Mannes, der, obschon er wie jeder andere stark anzuschlagen versteht, vorzieht richtig zu treffen, eine schöne Aufrichtigkeit der Kunst, eine musikalische Diskretion, welche fern davon, die Wirkung zu unterdrücken, ihre Deutlichkeit für jeden Zartfühlenden verdoppelt, der sie zu würdigen weiss, eine unvergleichliche Behandlung des Orchesters, ein erstaunliches Zeitcolorit.«

René de Recy spendet in anderer Weise Lob:

»Alles ist der Gewöhnlichkeit durch eine originelle Note enthoben, in jedem Augenblick eine Tonfolge, ein Takt, um delikate Naturen zu entzücken . . die Schreibweise ist wundervoll, der Stil ganz höchste Geschmeidigkeit, Reiz und Melodie.«

Wieder aus einer anderen Tonart singt Bellaigue des Componisten Ruhm:

»Wie gut ist es doch, klar, einfach zu sein, wenn man besser als irgend einer ebenso gut das Zeug hätte dunkel und verworren zu sein, ein ganzes Orchester durcheinanderzumengen und zu entfesseln, um einige Worte der Liebe zu begleiten. Wie gut ist es ebenfalls, sich und uns ein feingeschriebenes, harmonisches und glänzendes Terzett nicht zu versagen, wie das des Bettlers, Ascanios und Colombens! Und wie gut ist es endlich und wie selten selbst in der Musik, Geist zu besitzen!«

Einen interessanten Vergleich zwischen Heinrich VIII. und Ascanio zieht Launay im Voltaire:

Die Partitur des Herrn Saint-Saëns hat die Welt ein wenig überrascht. Nach Heinrich VIII. war man auf ein Werk voll Heftigkeit und Erregung gefasst, und jetzt begegnen wir einer diskreten und zarten Musik ohne Ruck und Lärm. Man entdeckt in ihr eine Mischung der früheren Einfachheit mit der tiefsten und bedeutendsten Orchestrirung.«

Hören wir die Unbefriedigten, deren Auslassungen Henri Bauer im Echo de Paris eröffnen möge:

Für eine gewisse Anzahl der Hörer wie für mich verlor die Melodik des Gesangs wie des Orchesters jede scharfe Bedeutung, und wir gewannen ihr weder die intellektuelle Befriedigung der Symphonie noch die Erregung der dramatischen Musik noch das angenehme Ergötzen an melodischen Motiven ab. Nebendinge, wie das hübsche florentinische Lied der Scozzona, das Madrigal des Königs u. a. werden nicht die Armuth der Erfindung, die Unzulänglichkeit der dramatischen Situationen verdecken.

Unerbittlich in Bezug auf die theatralische und dramatische Seite der Oper ist Brisson im Evénement:

»Seine bewundernswürdig gemachte Musik ermangelt nicht allein der Originalität, sondern der Persönlichkeit, ja der Empfindung. Kein Schatten der Erregung in diesen riesigen fünf Akten, kein Schatten!«

Stoullig im National bekennt sich überhaupt nicht als Freund der dramatischen Muse des Componisten Saint-Saëns, mildert aber seinen Tadel durch ein hohes, der Musik gespendetes Lob:

Saint-Saëns besitzt nur einen mittelmässigen Sinn für Dramatik; sein Talent, als so vornehm, klar und sicher man es auch anerkennen muss, scheint nicht geschaffen, menschliche Leidenschaft auszudrücken, die lachende Wirklichkeit zu behandeln und zu künstlerischem Ausdruck zu bringen. Das ganze »Theater« des Herrn Saint-Saëns, unzureichend im Punkte der Erregung, schwankt in seinen Endabsichten zwischen den alten Operngepflogenheiten und den erbarmungslos logischen Grundsätzen der Wagnerschen Lehre.«

Freilich Wagner und Saint-Saëns passen schlecht unter die nämliche Rubrik. Doch versüsst er seinen Tadel:

»Die Orchestrirung ist wie diejenige Mozarts im Don Juan einfach entzückend.«

Um wieder zu den Lobrednern zurückzugelangen, sei Comettant im Siècle vernommen:

›Das ist einmal ein französisches Kunstwerk, das den Massnahmen der neuen deutschen Schule nichts entlehnt. Die Musik des Ascanio ist in der That klar, reich an Harmonie und

Orchesterzeichnung, ohne jede Ueberladung an Polyphonie, ausdrucksvoll ohne Uebertreibung, melodiös allemal, wenn die Situationen des Gedichts den Gesang zulassen, Sprechgesang, wenn der Gang der Handlung ihn erfordert. In jeder Hinsicht ist sie durch diesen obersten und echt französischen Vorzug geregelt, den man den Geschmack heisst, und durch eine Sicherheit der Feder, die nur den grossen Meistern eigenthümlich ist.«

Fourcauld im Gaulois kargt ebenfalls nicht mit dem Lobe:

»Kein Musiker wird diese Partitur hören, ohne durch tausend köstliche sprudelnde Gedanken, Reize in der Bewegung und in der Verbindung von Klangschattirungen gefesselt zu werden. Nicht müde werden kann ich ferner, die fast überall markige und gewählte Orchestrirung zu loben. Mit den in diesem Ascanio verschwendeten und in Kleinigkeiten verwandten Vorzügen könnte man drei Meisterwerke schaffen.«

Auf der andern Seite freilich findet er manche Ideen ein wenig kurzathmig und nicht frei von Italianismen, er seufzt, diesen stolzen Musiker stellenweise in eine kleinliche Richtung verfallen zu sehen, worauf, wie die Nouvelle Revue humoristisch bemerkt, Saint-Saëns erwidern würde: Es macht mir nun einmal Spass darauf zu verfallen. Die Blumenlese mag, soweit noch unberührte Gesichtspunkte in Frage kommen, Vitu im Figaro beschliessen:

Die Orchestrirung ist mit wahrhaft zärtlicher Vorliebe, mit einer peinlichen Sorgfalt behandelt, die auch keine Ciselirung, keine merkwürdige Entdeckung entgehen lässt, geschähe es auch auf Kosten der Aufmerksamkeit, die die Musik der Bühne schuldet. Mit dem Ballet gelangt der Componist endgültig zu vollster Helligkeit.«

Diese Auszüge ermangeln nicht der Curiosität, insofern sie die Pariser Presse characterisiren. Es lässt sich wohl daraus der Schluss ziehen, dass diese im Ganzen wohlwollend und einsichtig ist. Die Widersprüche, die sich in den Beurtheilungen finden, beruhen, wie man leicht herausmerkt, auf der mehr oder minder unbedingten Gefolgschaft, die der einzelne dem deutschen musikdramatischen Banner leistet. Das Richtigste hat jedenfalls Vater Gounod gesagt, indem er davor warnte, Principien zu reiten, woraus sich denn ergiebt, dass man, wenn man Saint-Saëns geniessen will, nicht nach Bayreuth schielen soll.

*   *   *

Ascanio hat nichts mit dem Sohne des Aeneas zu thun. Die Oper könnte richtiger Benvenuto Cellini heissen, gleich dem im Jahre 1852 an der Porte Saint-Martin aufgeführten Drama von Paul Meurice, dem Louis Gallet den Text nachgebildet hat. Augenscheinlich nur die Rücksicht auf Berlioz' Oper empfahl Ascanio zum Titelhelden. Den ursprünglichen Stoff, namentlich auch den Zwist mit Madame d'Etampes, der Geliebten König Franz' I., behandelt Cellini selbst im dritten Buch seiner von Goethe übersetzten Selbstbiographie. Ascanio ist ein junger Freund und Schüler Benvenutos, den er durch eine väterlich freundschaftliche Zuneigung auszeichnet und dem er sogar eine heftig entbrannte Leidenschaft für die jugendschöne Colombe, das endlich gefundene Ideal seiner Hebe, zum Opfer bringt.

(Erster Akt.) Benvenuto hat es sich auf die Einladung des Königs in Paris bequem gemacht, und seine Arbeitsräume hallen von dem Geräusch der Bildhauer- und Erzschmiedearbeiten wieder (die Musik spiegelt in kräftiger und mannigfacher Rhythmik rege Betriebsamkeit. Das Motiv in der Oberstimme gleich zu Anfang wird wie das contrastirende im Bass vielfach als Arbeitsmotiv abgewandelt und ausgenutzt). Von Pagolo,

dem neiderfüllten Genossen Ascanios, erfahren wir, dass dieser ebensoviel Glück bei den Damen wie in der Kunst geniesst: »Artiste, vous
(Benvenuto) l'aimez, amoureux, on l'adore«, und dass er eben jetzt
in das Lesen eines zarten Billetchens vertieft ist.

An das Erscheinen Ascanios knüpft sich sogleich eine Erörterung
zwischen ihm und seinem Meister. Kein Zweifel, Ascanio ist verliebt (quä-
lende Unruhe in dem charakteristischen Motiv bei B.'s Worten: Tu souffres
d'amour); er ist kühn genug zu glauben, das Billet, das ihn um eine Zu-
sammenkunft bittet, käme von seiner Auserwählten Colombe, die er in
einem süss schmachtenden Sätzchen feiert (»C'est l'éblouissement d'un
rêve«). Benvenuto neidet ihm so wenig sein verschwiegenes, wenn auch
zunächst mehr erhofftes als gegenwärtiges
Glück, dass er ihm die opferfreudige Weisung
auf den Weg giebt: »Sacrifie à tes jeunes
amours notre vieille amitié, mais si c'est un
péril, soyons-y de moitié!« Der Freund will
gern der Geliebten weichen, um dennoch bei
der ersten Gefahr als Helfer herbeizueilen.
Den Freund Cellini löst der Liebende Benvenuto ab: Scozzona, die zärtliche Gebieterin
seines Herzens, die seinetwegen ihr lachendes
Florenz verliess, stellt mit ihm unter dem
Mantel schmeichelnder und verbindlicher
Liebesworte ein kleines Verhör an, ist es ihr
doch nicht entgangen, dass sie nicht mehr
wie eben noch das Herz Benvenutos besitzt.
Aus der Ursache hiervon macht dieser indess
kein Geheimniss, nur sagt er, sie beträfe allein
den Künstler und bilde an dem Grade seiner
Zuneigung keinen Abstrich: »Ich schuf aus
dir (nach deinem Modell) Juno, Venus, Diana,
Stolz, Schönheit, Glanz. Soll's denn durchaus
auch keusche Reinheit werden?« Und auf

Lassalle als Benvenuto Cellini.
(Photographie Benque.)

dieses Ideal einer Hebe, das sie ihm nicht
bietet, das er im Schaffensdrange sucht, ist sie, bevor er es gefunden, eifer-
süchtig, da sie zu fühlen scheint, wie in Benvenutos Brust Künstler und
Liebender nahe bei einander wohnen. Indess vermag er sie mit der Aus-
kunft, ihre einzige Rivalin sei »die ewige Schönheit, die makellose strenge
Geliebte« (Gebieterin, wie zugleich das doppelsinnige Wort Maîtresse an-
deutet), die Muse nämlich, vorläufig zu beruhigen (in einen sanften F-dur-
Satz mit liegenbleibender Tonica, der wie das ganze Duett die vornehmste,
zärtlichste Vertraulichkeit athmet und der zartfühlenden Unterhaltung eine
nicht minder gewählte und feinsinnige Musik unterschiebt). Jetzt kann die
beruhigte Scozzona auch den engen Kreis ihrer Liebe überschreiten und
Benvenuto auf die Gefahr aufmerksam machen, die seinem jungen Freunde
von Madame d'Etampes droht. Diese ist die Verfasserin jenes Billets, aber
indem die Geliebte des Königs das Geschoss ihrer reifen Lüsternheit auf
den ahnungslosen jungen Burschen entsandte, hat sie ihn, angesichts der er-
barmungslosen Eifersucht und Wachsamkeit des Königs, dem gewissen Tode

geweiht, und deswegen beschliesst Benvenuto, ihn ihren Netzen zu entreissen. Der König mit seinem ganzen Hof, nicht ohne Madame d'Etampes, sucht den König der Kunst in seinem Atelier auf und bestellt bei ihm eine silberne Jupiterstatue, sowie den Plan für die Festlichkeiten, mit denen der zu erwartende Besuch des Königs Karl V. gefeiert werden soll. Da die Räumlichkeiten für den Guss der Statue nicht ausreichen, verfügt der König kurzer Hand: der grosse Nesle, der nebst dem kleinen dem Prévôt von Paris, Herrn von Estourville überlassen worden sei, solle flugs für Benvenuto freigemacht werden. Da Estourville ein eifriger Parteigänger der Madame d'Etampes ist, wünscht diese den Befehl des Königs zu hintertreiben. Die Scene ist musikalisch ein wenig blutleer, aber wirft textlich auf die sich zur Leidenschaft steigernde Neigung der Madame d'Etampes, auf den höfisch glatten, zur Gewaltsamkeit geneigten Sinn des Königs helle Schlaglichter. Wir erfahren ausserdem, dass der grosse Nesle den Schatz beherbergt, nach dem Ascanio sich in liebender Sehnsucht verzehrt, da Colombe Estourvilles Tochter ist. Das zweite Bild des ersten Actes beginnt mit einem frischen Trinkchor auf dem Platze, den der grosse und der kleine Nessle einnehmen. Auf ihrem Gange zur Kapelle wird Colombe von Ascanio angesprochen. Ein Muster der sittsam erzogenen Jungfrau, gewährt sie ihm gerade soviel Hoffnung, um ihn nicht abzuschrecken. Die musikalisch feinsinnige Episode des Bettlers, dem beide ein Almosen spenden, bewirkt durch dessen zarte Anspielungen auf das für einander auserwählte Paar unvermerkt eine Annäherung der beiden Gemüther und bildet insofern ein Glied in der Handlungskette. (Reizvoll ist das Orchester behandelt, das die schlichten Worte des Bettlers mit ausdrucksvoller und fremd-volksthümlicher Weise begleitet.) Indess Colombe in der Kapelle verschwindet, beschliesst Estourville dem Eindringen Benvenutos in den grossen Nesle — in einem rhythmisch an die Schwerterweihe in den Hugenotten erinnernden Chor — Widerstand entgegenzusetzen. Recht ungelegen kommt die sich in Folge dessen entwickelnde Lärmscene der Herzogin d'Etampes, die sich zum Stelldichein mit Ascanio begiebt (ihre Auftrittsmusik ist für ihre Sinnesart doch wohl zu keusch gehalten). Es gelingt ihr, den ganzen Tross sogar mit Einschluss der sich einmischenden Scozzona zu entfernen, und eben will sie ihr kokettes Spiel mit Ascanio anheben, als sich Benvenuto brüsk dazwischenstellt, den Ascanio, der die maskirte Herzogin noch nicht erkannt hat, davonschickt und (in recht lebhafter musikalisch dramatischer Zuspitzung) durch seinen Trotz gegen die galanten Regungen der Dame eine »Guerre sans merci« heraufbeschwört. Das Ende der Messe, das auf den Platz eine Menschenmenge ergiesst, unterbricht den Zwist und giebt Benvenuto Gelegenheit, in Colombe das Ideal seiner Hebe zu erblicken. Die Herzogin bestärkt Estourville in dem Entschlusse, den grossen Nesle mit Gewalt zu vertheidigen, dieser zerreisst die ihm von Benvenuto überreichte Cedirungsurkunde des Königs und entrinnt dem Dolchstich des gereizten Künstlers nur durch Colombens Dazwischenkunft, und in einem humorvollen, flottbewegten Ensemble bemächtigt sich Benvenuto mit seinen Schülern nach regelrechter Bestürmung des grossen Nesle. Die Musik fügt sich geschickt in wechselvoller und getreuer Zeichnung den Vorgängen und Personen an. Besonders anziehend ist stets Colombe hervorgehoben.

(Zweiter Act.) In einem rüstig frischen Chor verrathen Benvenutos Leute, um wieviel bequemer sich's im grossen Nesle arbeiten lässt. Scozzona singt ihnen ein Liedchen aus dem 16. Jahrhundert von aparter Schlichtheit dazu. Ein Abgesandter Karls V. bringt gar neue Aufträge für Benvenuto, Ascanio sendet an die Adresse seiner Liebsten eine kleine Arie voll zart sehnsüchtigen Hoffens. Ausser dem bestellten Jupiter nimmt auch ein Reliquienschrein für das Ursulinerinnenkloster alle Kräfte in Anspruch. Trotzdem fliegen Benvenutos Gedanken einem andern Gegenstande zu, den uns das Colombe-Motiv enthüllt; das Glück lächelt ihm, Colombe lehnt sich, ein

träumerisch melancholisches Lied singend, an die Balustrade, indess Benvenuto ihre Züge mit fieberhafter Eile in einem Thonmodell festhält — kostbare Minuten, die ein günstiger Zufall seiner Künstlerhand gewährt. Ob nicht an der Wonne, die seinem Gesang entströmt, doch der leicht endzündliche Liebhaber mehr Antheil hat, als der nach dem auserwählten Modell schaffende Künstler? Ob in den Worten: Chaste Déesse! Je suis un homme, fais-moi Dieu! nicht eine Hingebung liegt. die gradenwegs zur Liebesleidenschaft führt? Dessen ist auch Scozzona nicht allzu gewiss, würde sie sonst wohl ängstlich spähend zu ihm eindringen? und da sie ihm nie ungelegener kam, als in diesem Augenblick, so erräth ihr Scharfsinn bald, was die Uhr seines Herzens geschlagen.

Madame Eames (Colombe).
(Nach einer Photographie im Besitze des Musikhistorischen Museums des Herrn Fr. Nicolas Manskopf in Frankfurt a. M.)

Es giebt einen Bruch zwischen ihnen, aus dem er mit der philosophischen Betrachtung: O triste joie humaine (seine eigne), faite toujours hélas! de la douleur d'autrui (auf Sc. bezüglich), sie jedoch voll finstern Rachebrütens hervorgeht. In der Musik vollzieht sich ein Uebergang von der noch ziemlich vertrauensseligen, leise und zärtlich zu ihm gleitenden Geliebten zu der immer hellsichtigeren Verrathenen, wobei vielfach die Zeichnung der ausdrucksvollen Cantilene dem Orchester übertragen wird. Dabei behält die musikalische Sprache ebenso wie die Poesie stets einen verbindlichen Grundton, der erst bei der Errathung des Geheimnisses Benvenutos im Text verlassen wird, während die Musik ihn (beim H-dur: Va! Couvre-la d'un voile épais!) auch hier noch beibehält, wodurch sie freilich etwas ins italienische Fahrwasser, in den Bund tragischer Worte mit süssen Melodien verfällt. Was Benvenuto der Geliebten verbarg, gesteht er dem jungen Freunde: Je croyais l'admirer seulement, je l'aimais! und als er gar von dem Hebe-Modell den Schleier zieht, entdeckt Ascanio mit Entsetzen, dass sein Meister und Freund auch sein Nebenbuhler ist, um auch sogleich zu erkennen, dass er gegen ihn waffenlos ist und bleiben muss (anders wie in Cellinis Biographie, wo Ascanio jeder Grossmuth und Dankbarkeit baar ist und schliesslich auch vollends davongejagt wird). Dieses Zwielicht von Liebeshoffnung bei Benvenuto, von Verzweiflung bei Ascanio wird durch ein groteskes Ständchen unterbrochen, das Orbec, der offizielle Verlobte Colombes, ihr bringt. Das ist nicht der einzige Schlag, der Benvenuto trifft; aus einem Briefe, den er seiner Feindin, der Herzogin d'Etampes, zu verdanken hat, ersieht er klipp und klar die Ungnade des wankelmüthigen Franz. Einen so stolzen und selbstbewussten Character wie Cellini entflammt beides nur zum Trotz, den er klug genug bethätigt, indem er nunmehr dem Kaiser Karl V. die von diesem erbetenen Dienste zur Verfügung stellt. Die Musik, die sich nach intimen Anfängen immer grosszügiger entfaltet und mächtig steigert und dem ganzen Act das Prägezeichen musikdramatischer Meisterschaft aufdrückt, bleibt überall auf der Höhe der Situation.

(Dritter Act.) Dafür geht es zwischen dem König Franz und seiner Geliebten ein wenig konventionell her. Sie mischt sich gar in Politik ein und will Karl festsetzen lassen, der durch rauschende Lustbarkeiten sorglos gemacht werden soll. Recht gelegen kommt ihr Ascanio, der ihr den bestellten Schmuck überbringt und der, ohne immer noch zu wissen, dass sie die Urheberin jenes Stelldicheins war, ihren Schmeichelworten gern Gehör giebt und ihr vertrauensselig sein Herz ausschüttet Sie meint, seine Liebeserklärung ziele auf sie selbst, als Colombes Erscheinen ihr mit einem Schlage ihr fatales Missverständniss enthüllt. Der musikalische Ausdruck ist bei ihm von rührender Innigkeit, bei ihr schmachtend und discret; sogar der Ausbruch ihrer Wuth ist angesichts der beginnenden Hoffeste verhalten genug. Diese kündigen sich mit einem pomphaften Chor an. Sofort ist auch Franz tactlos genug, seinen Gast Benvenutos wegen zu interpelliren und ihm begreiflich zu machen, dass er auch den mit Ungnade bedeckten nicht aus den Händen lassen werde. Karl erräth, dass Franz nicht allein gegen den Künstler, sondern auch gegen den königlichen Gast, der jenen nicht missen wolle, einen Anschlag beabsichtigt, als sich Franz besinnt und als Benvenuto, den Zwist der Könige klug benutzend, von Franz drei Tage Frist zur Vollendung seines Jupiter erbittet und gegen die Ungnade des Königs sein Kunstwerk in die Waagschale wirft, um sie zu bannen oder sie weiter zu tragen. Der König ist damit einverstanden, verheisst ihm, wenn ihm das Werk gefalle, noch einen Beweis seiner besonderen Huld, den der liebeentflammte Benvenuto um so mehr nöthig zu haben glaubt, als die Herzogin d'Etampes mit der Nachricht von der für den nächsten Tag anberaumten Heirath zwischen Orbec und Colombe herausplatzt und der König diese Heirath ohne Weiteres gestattet. Das Ballet, das die Wiederanknüpfung freundschaftlicher Beziehungen besiegelt, enthält namentlich in der ersten, dritten Nummer (Gavotte), in der Scene mit Amor, in der »Variation de l'Amour« pikante, überall duftig instrumentirte Musik[3]).

(Vierter Act.) Benvenuto ist nicht der Mann, Colomben ohne Weiteres verloren zu geben; er fasst folgenden Plan. In den Reliquienschrein der Ursulinerinnen soll Colombe mit ihrer Einwilligung, da sie ja Orbec nicht liebt, verschlossen werden und auf diese Weise zu der Priorin des Klosters, die sie weiter beschützen will, gebracht werden. Diesen Plan, der zwischen Benvenuto und Ascanio erörtert wurde, hat Pagolo belauscht. Er theilt ihn

Scozzona und der Herzogin d'Etampes mit, und jetzt ersinnt die Herzogin folgendes Radikalmittel, um sich ihrer Nebenbuhlerin zu entledigen. Unterwegs sollen die Träger des Reliquienschreins, die von dessen lebendem Inhalt keine Kenntniss haben, aufgefordert werden, ihre Last bei der Herzogin abzusetzen, die den Schrein dem Könige zeigen wolle. Einige Stunden vermag in einem solchen nur von aussen, aber nicht von innen zu öffnenden Schrein jemand zu leben, mehr als einen Tag niemals. Die Herzogin wird den Schrein nun nicht vor dem dritten Tage öffnen, und auf diese Weise ist Colombe, die sich zwischen sie und Ascanio, zwischen Scozzona und Benvenuto stellt, aus dem Wege geräumt (Herzogin: »S'ils retrouvent Colombe, il faut que ce soit dans la tombe!«) Die gutmüthigere Scozzona gibt zu diesem abscheulichen Vorhaben nur widerstrebend ihre Einwilligung, aber ihre Liebe macht auch sie vorläufig erbarmungslos, bricht auch mit lebhaftem Schmerzensausdruck in dem kleinen Satz »Hélas, ah! ma douleur soutiendra ma colère!« hervor. Sofort maskirt sie ihr wahres Gefühl beim Erscheinen Benvenutos durch unbefangene Ergebenheit (in der Musik anziehend characterisirt, obschon ihr der Schlagschatten der Heuchelei fehlt). Benvenuto ist, wie alle Verliebten, nur durch den Augenschein zu belehren, der nicht auf sich warten lässt, da Colombe und Ascanio, sich unbelauscht wähnend, den Entführungsplan mit zärtlichster Fürsorglichkeit erörtern. Ihrer beider sorgenvoll gedämpfte Liebeshoffnung, das Wetterleuchten des Zorns von Seiten Benvenutos, der Colomben einem anderen bestimmt sieht, das Gefühl gesättigter Rache bei Scozzona und ihre Schadenfreude über die Strafe, die Benvenuto für seine Treulosigkeit gegen sie erleiden muss, sind in einem

characteristisch ausgefeilten und melodisch wie klanglich hervorragenden Satz ausgenutzt worden. Als Ascanio, mit sich ringend, ob er nicht alles dem Freunde und Gebieter eingestehen wolle, zaghaft davon abstehen will: »Quel homme est assez fort, pour vaincre Cellini?«, tritt dieser mit dem Ausruf: »Lui-même!« hervor. Der Eisenstarke hat sich wirklich selbst bezwungen und so den schwersten Sieg davongetragen. Mehr als das: wenn sein Jupiter dem König gefällt, will er Colombens Hand er-

Akt IV, Scene V.
Nach der Aufführung im Théâtre national gezeichnet von Paul Destez.

bitten, nicht für sich, für Ascanio. Scozzonen betrachtet er mit wiedererwachter Zärtlichkeit, er vertraut ihr sogar die fernere Ausführung des Plans mit Colombe an, die Scozzona in sonderbarem Brüten übernimmt. Colombens Verschwinden aus dem kleinen Nesle ist indess schon bemerkt worden. Orbec erscheint mit einem Arrestbefehl gegen Benvenuto und Ascanio, durchsucht das Haus, ohne etwas dagegen einzuwenden, dass Leute den Reliquienschrein unter dem Geleit der tiefverschleierten Scozzona — oder wer sich sonst hinter ihren Kleidern birgt, — hinwegtragen, und des Gelingens sicher, begibt sich, unter dem Jauchzen seiner Schüler, Benvenuto an den Guss der Jupiterstatue.

(Fünfter Act.) In einem von den hereindringenden Mondstrahlen matt erleuchteten Betsaal des Louvre steht der Schrein geheimnissvoll in einer Ecke. Die Herzogin überzeugt sich, indem sie mit der Hand hineintastet, dass der Tod seine Aufgabe nur zu sicher erfüllt hat. Die drei Tage, die ihm für sein Zerstörungswerk überlassen waren, hat Benvenuto zur Vollendung seiner Jupiterstatue benutzt, und während ein Hymnus (zuerst a capella), von den bewundernden Zeugen der Scene angestimmt, erst das Lob des obersten Gottes, dann das seines Erzeugers Benvenuto künden, erstrahlt in dem geöffneten Nebensaal der Gott selbst im Silberglanze. Der Augenblick der Abrechnung zwischen Fürst und Künstler ist gekommen, und gern gewährt der König seine Zustimmung zur Heirath Ascanios und Colombens, wofern die Herzogin einwilligt, die nun freilich nichts mehr einzuwenden hat, wähnt sie doch Colomben entseelt im Schrein. Tödtlich ist daher ihr Schrecken, als Colombe unversehrt, durch eine Ursulinerin aus dem Kloster hergeleitet, erscheint. Sie kann die Folter ihrer Neugier nicht länger bezwingen, öffnet den Schrein, aus welchem mit gläsernen Leichenaugen die todte Scozzona hervorstarrt. Wie die Liebe der schönen Florentinerin stärker war, als die Benvenutos, so hat sie ihn auch an Grossmuth übertroffen.

Saint-Saëns hat auch in dieser Oper das Leitmotiv nicht verschmäht und die abgerundete Form, ganz wie es der Text gebot, bald knapp, bald gedehnt, bald im Sologesang, bald im Ensemble beibehalten. Seine Charakteristik ist meist scharf und dabei ungesucht. Es fehlt seiner Erfindung nur stellenweise an Schwung, und das Werk erschöpft nicht ganz den grossen Zug der im Text vorgezeichneten Situationen, wie denn der Text überhaupt als ein Muster der im Sinne Saint-Saëns' reformirten grossen Oper gelten darf. Die Oper wird in Paris wieder zur Aufführung vorbereitet. Hoffen wir, dass der günstige Wind, der wieder über die Vogesen zu uns dringt, dem Ascanio auch in Deutschland Eingang verschafft.

* *

Etienne Marcel

Opéra en Quatre Actes
Poëme de Louis Gallet — Musique de C. Saint-Saëns
Partition Chant et Piano par A. Messager.

Distribution des Rôles.

Etienne Marcel . .	Prévôt des marchands . . .	1er Baryton .	MMrs Delrat.
Robert de Loris . .	Ecuyer du Dauphin	Ténor . .	Stéphanne.
Eustache	. . . .	2e Baryton . .	Plançon.
R. de Clermont . .	Maréchal de Normandie .	Basse chantante	De Grave.
Jehan Maillard .	. . . .	Basse	Echetto.
Pierre	Jeune seigneur, ami de Robert	2e Ténor . .	Baron.
L'Hôtelier . . .	. . . .	. . Ténor . . .	Nerval.
Béatrix Marcel . .	Fille du Prévôt . .	. Soprano . .	MMmes Reine Mézeray.
Le Dauphin Charles	. . . . . .	. Contralto . .	Amélie Luigini.
Marguerite. . . .	Mère de Béatrix	. Mezzo-Soprano	Legénistel.

HANDSCHRIFT SAINT-SAËNS'.
Original im Besitze der Verleger A. Durand & Fils, Paris.

Vorstehende Rollenvertheilung, in der Plançons berühmter Name auf-
taucht, lag der Erstaufführung in Lyon im Februar 1879 zu Grunde. Die
Oper ist 1877—78 geschrieben und 1879 veröffentlicht worden. Saint-Saëns
hatte augenscheinlich seinen kleinen Wagneranfall so ziemlich überwunden
und bemühte sich jetzt, in den Mutterschooss der allein seligmachenden
französischen Oper zurückzukehren. Immerhin bleiben vom Wagnerthum die
scharfe und wahre Charakteristik und die Vorliebe, gewisse Hauptmotive
(wie dasjenige Marcels, Roberts) durch die ganze Oper durchzuführen,
endlich auch die Verknüpfung der Scenen statt der früheren Zerstückelung
als Errungenschaften seines Wagnerthums übrig. Andrerseits öffnet er den
Ensembles und Arien Thür und Thor und fällt dann auch wiederholt in den
überwundenen Schlendrian, der eine hübsche Melodie auch dann noch wiederholen lässt, wenn sie von der Situation keineswegs gefordert wird, zurück.
Der erste Act ist der werthvollste, und wir hätten ein vollendetes Kunstwerk
vor uns, wenn die andern Acte hielten, was dieser verspricht. Dennoch
enthält das ganze Werk soviel schöne Seiten, zudem entrollt es vor uns einen
so fesselnden historischen Moment, dessen Hauptmerkmale, die Auflehnung
des unterdrückten Bürgerstandes gegen die Rathgeber des Fürsten auch in
deutschen Ländern einer ganzen Zeit ihr Gepräge aufdrückten, dass auch
Etienne Marcel den bedeutenderen Offenbarungen der Muse unseres Componisten
beizuzählen ist.

(Erster Act.) König Johann der Gute war 1358 in englische Gefangen-
schaft gerathen und der jugendliche Dauphin Karl führte die Regentschaft.
Der Zwist zwischen Karls Anhängern und denen Etienne Marcels,
Prévôts (Vorstehers) der Kaufleute, bricht gleich in der ersten Scene während
einer lustigen Zecherei der Kaufleute in den Hallen in Paris im Jahre 1358
(musikalisch recht pikant und fast zu sehr im Stil der komischen Oper
gehalten) hervor. Pierre, der Freund des Grafen Robert de Loris, Stall-
meisters des Dauphins, will den Wirth mit einem beschnittenen Goldstück
bezahlen, das laut Edikts des Königs vollen Kurs haben soll, wogegen der
Wirth und die Kaufleute heftig protestiren. Den beginnenden Sturm bannt
Robert, indem er seine volle Börse hinwirft. Auch die Liebesgeschichte, die
dem Werk seinen lyrischen Untergrund giebt, fädelt sich durch Roberts Be-
kenntniss ein, er liebe Beatrix, die Tochter des Hauptes der gegnerischen
Partei Etienne Marcel. Endlich lernen wir den lustigen, aber intriganten
Schelm Eustache durch ein feines, im mittelalterlichen Stil gehaltenes Couplet
vom Pagen und der vornehmen Dame kennen. Kaum ist der Misston be-
seitigt, so naht von der Königspartei eine neue Eigenmächtigkeit. Diesmal
sind es Soldaten, die (in galant übermüthigem Chor) Marcels Tochter Beatrix,
die mit ihrer Begleiterin Marion aus der Kirche heimkehrt, belästigen. Robert
eilt zurück und befreit sie, ihrem hinzukommenden Vater zur Freude, die
sogleich erkaltet, als er den Namen des Retters erfährt. Marcel, der von
Robert und Pierre neues Unheil ahnt, diese beiden, die von Marcels Kälte
wenig erbaut sind, Beatrix, die für ihre Liebe zu ihrem Retter fürchtet,
vereinigen sich in einem bedeutenden Quartettsatz mit durchgeführtem, ernst-
pathetischem Thema. Noch düsterer wird die Tonfarbe, als der allein zurück-
gebliebene Marcel von seinen Freunden umringt wird, welche die Stunde der
Vergeltung herbeisehnen (musikalisch ein wenig alter Stil, namentlich in
rhythmischer Beziehung); ihre Erbitterung wird nicht geringer, als ein Herold

den Befehl zur Hinrichtung eines der Ihren, Perrin Marc, wegen »Mordes und Widerstandes gegen die Gesetze« verkündet. In langem, feierlichem Aufzuge versammelt sich die ganze bürgerliche Partei mit dem Bischof an der Spitze, um Marcel zum Aufruhr gegen den Dauphin zu treiben. Ein andrer Rienzi giesst Marcel das Oel seiner Beredsamkeit in das Feuer der Volkswuth. Der Bischof, aus dessen Asyl Perrin Marc gerissen wurde, und der deswegen der regierenden Partei zürnt, verheisst des Himmels Segen, und Marcel will sogar das Königsthum selbst treffen, anstatt sich zu begnügen, die Vertreibung der schlechten Rathgeber zu fordern. Trotz des wohlmeinenden Einwurfs Jehan Maillards reckt der Aufstand in dem Ruf: Zu den Waffen! drohend sein Haupt in die Höhe. Der Chor, der in mehreren immer heftigeren Repliken die Einzelreden Marcel's unterbricht, ist weniger kunstvoll und eigenartig als diese, die, gesanglicher als des frühen Wagners Recitative, doch von packender Wucht des Ausdrucks sind und namentlich auch durch das Orchester eine entsprechende Beleuchtung erfahren.

(Zweiter Act.) Der Aufruhr ist inzwischen bis zum Schlosse vorgedrungen und erfüllt das Herz des Dauphins mit Schrecken. (In der Einleitung im Orchester, düsteres Glimmen des Aufruhrchors, das nach und nach bis zum Erscheinen der Empörer heftiger emporlodert). Nicht ganz ohne Anmassung beruft sich Marschall Clermont, der zu Gewaltmassregeln räth, auf seine Verantwortlichkeit. Der Dauphin beruhigt sich so weit, um Robert um seine Liebe zu Beatrix zu beneiden und seinen eignen goldnen Käfig zu verabscheuen, der ihm die Liebe um seiner selbst willen verwehre. Mit dem Nahen der Gefahr wächst plötzlich sein Muth, in Roberts Schutz besteigt er den Thron, um Blutvergiessen zu verhindern und, wenn es sein muss, zu sterben. Seinem Befehl, die Thore dem Volk zu öffnen, kommt dieses auf gewaltsamem Wege zuvor, und bald bringt Etienne Marcel dem Dauphin seine Klage vor, deren Spitze sich jedoch nicht mehr gegen den Dauphin, sondern Maillards Rathe gemäss gegen dessen Rathgeber Clermont richtet und in der Forderung gipfelt, ihn zu entlassen und sich allein durch das Volk leiten zu lassen. (Wiederholt bezeugt ihm das Volk seine erregte Zustimmung). Der Dauphin weigert sich dessen und sieht bald den blutigen Leichnam Clermonts zu seinen Thronesstufen geschleift.

Robert, der gegen Etienne Marcel vorstürzt, behält sein Leben nur durch dessen Gnade, wobei ihm Marcel jedoch einschärft, nie mehr seinen Weg zu kreuzen. Zum Zeichen des Triumphes seiner Partei bekleidet Marcel den machtlosen Dauphin mit der Mütze der Stadt Paris. Die packende Scene ist auch musikalisch äusserst spannend charakterisirt. Nur die Worte Marcels zum Dauphin hätten eine noch energischere Deklamation und eine entschiedenere Anlehnung an den reinen Sprechgesang vertragen. Wenn es sich um Blut und Leben handelt, pflegt einem das Singen zu vergehen.

Ziemlich belanglos ist die nächste Scene im Hause Marcels. Dieser gebraucht, um hinter das Geheimniss seiner Tochter, das ihm kaum mehr entgangen war, zu gelangen, das kaum noch neue Mittel, ihren Geliebten todtzusagen. Seine Vorwürfe, dass sie einen »Knecht« des Hofes liebe, der sie ja doch nur zur Geliebten erniedrigen wolle, ihre Bitten um Vergebung, die Einwürfe ihrer Mutter werden zu einem Terzett verwandt, das sehr melodisch ist, aber dem Ernst der Situation und seiner ganzen Form nach dem Stil der Oper nicht entspricht. Die stimmungsvolle Einleitung bringt eine längere Ausführung des Themas aus dem Quartett des ersten Acts.

In einer Arie von etwas mattem Ausdruck besingt die zurückbleibende Beatrix ihr Unglück, als im Zwielicht des hereinbrechenden Abends Robert erscheint. Besser als Vernunftgründe wirken auf Liebende die Koseworte der Zärtlichkeit. Namentlich zu Anfang dieser grossen Liebesscene findet der Componist die rührendsten Tonphrasen. So sind die kleinen Orchesterzwischenspiele vor dem H-dur-Satz (Robert: Ah, Beatrix! Réponds: m'aimes-tu? Beatrix: Si je t'aime!) von zartestem poetischem Reiz. Das Duett steht zunächst völlig im Banne der zu Grunde liegenden Stimmung, um dann ein wenig zu verflachen und zu verblassen. Endlich willigt Beatrix ein, mit dem Liebenden Haus und Eltern zu verlassen, als Marcels Anhanger, zum Schluss er selbst ins Haus eindringen. Robert rettet sich durch einen kühnen Sprung aus dem Fenster.

(Dritter Act.) Der Dauphin ist mit seinen Anhängern aus der Stadt geflohen und führt ein Heer seiner Vasallen aus der Provinz herbei. Die Engländer sind nahe den Thoren, und als Dritter bedroht der König von Navarra die Stadt. Trotzdem überlässt sich das Volk den Festen, deren Seele der verrätherische Eustache ist und die das für eine französische Oper unvermeidliche Ballet, dem sogar Wagner das Opfer einer erweiterten Venusbergmusik brachte, in Thätigkeit setzen. Uebrigens ist gerade diese Balletmusik, die an den altfranzösisch gehaltenen Volkschor und an die lustigen Scherze Eustaches sich anschliesst, von grossem Reiz, insbesondere die Musette guerrière und der Aufzug der Zigeuner. Die Handlung wie die Musik verlaufen ein wenig bunt und zerstückelt. Jehan Maillard tritt mehr

als bisher in den Vordergrund, indem er auf Eustache wegen seines nächtlichen Entweichens ins Lager des Königs von Navarra Acht giebt. Eustache wiederum entdeckt in einem Bettler, der Beatrix um eine Gabe anspricht, ihr dabei einen Fluchtplan mittheilt, Robert und liefert ihn an Etienne Marcel aus, der ihn kurzerhand als Spion des Dauphins tödten lassen will. Aber das Volk will ihrem Führer auf der Bahn des Blutvergiessens schon nicht mehr folgen, und so gelingt es Maillard wiederum, für den Frieden zu wirken und Robert vorläufig zu retten. Dass dieser Zwiespalt in den Reihen der Bürgerlichen ihrer Sache nicht dienlich ist, liegt auf der Hand. Musikalisch verläuft der Act nach der Balletmusik anregend. Etienne Marcel gewinnt an Energie in seiner Gesangsdeklamation, das grosse Ensemble am Schluss ist wirksam und schwungvoll, obschon wieder mit dem Eintritt des Des-dur und des virtuosen Gesangs der Frauen, sowie im ganzen Aufbau alter Stil.

(Vierter Act.) Dem Ende seiner Macht nahe, beklagt Marcel in einer düsteren, etwas sentimentalen Arie die Undankbarkeit des Volkes.

als Eustache ihn für den Verrath der Stadt an den König von Navarra zu gewinnen sucht. Das ist freilich für Marcel noch der einzige Ausweg aus den ihn umdrohenden Gefahren. Er trifft richtig an dem verabredeten Platze ein und conferirt im Dunkel der Nacht, von Eustache vollends überredet, mit einem Abgesandten des Königs von Navarra. Inzwischen naht Robert, der einen letzten Versuch machen will, Beatrix von ihrem Vater zu erbitten, bevor er sie ihm mit Gewalt an der Spitze der siegreichen Schaaren des zurückkehrenden Dauphins entreissen wird. (Mit recht glücklichem Humor ist Eulenspiegel-Eustache gezeichnet, während Roberts Hoffnungsfreude ein wenig gewählter im Ausdruck sein könnte.) Wirklich will Marcel sein Vaterland verrathen. Er, der sich nicht gerade als consequenter und eisenfester Character erwiesen, verfällt jetzt dem Eigensinn, gewinnt aber zusehends an musikalisch-dramatischer Bedeutung. Doch schon ist seine Macht soweit erschüttert, dass die Wache seiner Aufforderung, die Thorschlüssel herbeizuholen, ein entschiedenes Nein! entgegensetzt. Nun naht Robert, um ihn mit einem Passirschein des Dauphins zu retten, den Marcel zerreisst. Die vereinten Bitten seiner Tochter, seines Weibes und Roberts vermögen ihn nicht zu bewegen, sich dem Dauphin wieder anzuschliessen oder gar von Maillard, an welchen die Führung des Volks übergegangen ist, offene Verzeihung zu erbitten. (Dies Quartett verfällt wieder in die »grosse Oper«, namentlich wirkt die Wiederholung, nachdem Marcel das Pergament zerrissen, veraltet und lähmend). Er will nur noch sterben und stürzt sich dem Volkshaufen entgegen. Schon ist die Kunde seines Verraths ruchbar geworden, und Maillard straft ihn dafür am Leben. Das vor dem Eindringen des Königs von Navarra beschützte Volk, das der eigenen Herrschaft überdrüssig ist und die nahenden Feinde fürchtet, wirft sich dem Dauphin wieder in die Arme, der am Schlusse der Oper siegreichen Einzug hält und auch das Glück Roberts und seiner Beatrix besiegelt.

*　　*　　*

Proserpine,

nach August Vacquerie, lyrisches Drama in vier Aufzügen von Louis Gallet, Musik von Saint-Saëns, componirt 1886—87, veröffentlicht 1887, erste Aufführung in der Pariser komischen Oper im März 1887 unter Direction von Carvalho und unter Mitwirkung der Damen Salla (Proserpine), Simonnet (Angiola), der Herren Lubert (Sabatino), Taskin (Squarocca), Cobalet (Renzo), Herbert (Orlando) u. A.

*　　*　　*

Ein weiblicher Character nach Art der Carmen, nur verfeinerter und in die vergnügensfrohe ritterlich vornehme Atmosphäre der Renaissance gerückt, steht im Mittelpunkte der Handlung. Musikalisch ist das Werk weniger wegen seiner Theaterwirkung, als vielmehr wegen seines musikdramatischen Stils bemerkenswerth. Nirgend sonst macht der Componist, auch hier ein Anhänger der durch Wagners Anregung reformirten »grossen Oper«, so weitreichende Zugeständnisse an die Dichtung wie hier, wo er sich bestrebt, ein musikalisches Schauspiel und keine Oper im alten Sinne, nicht einmal im Sinne seiner übrigen Opern zu schreiben. Er berührt sich hier vielmehr mit dem geläuterten Verdi, den wir in Othello und Falstaff begrüssen. Dieselbe Knappheit, dieselbe Ausscheidung alles für die Handlung überflüssigen Ballastes aus der Musik wie dort, nur eine stärkere Heranziehung von Leitmotiven als Merkzeichen der Hauptpersonen.

(Erster Act.) Aus der heiter sprühenden ersten Scene erfahren wir, dass die in der Zahl wie in der Wahl ihrer Liebhaber sehr unbedenkliche Proserpine seit einem Monat »fastet«, Klausnerin in Puncto der Liebe geworden ist; darob allgemeines Kopfschütteln bei ihrem männlichen Hofstaat, man hält sie für verliebt. In der That flüstert sie auf Orlandos zierlich schmachtende Sicilienne nur: »Sabatino n'est pas venu!« Dieser erscheint wirklich gleich darauf mit Renzo, der ihm sogar eine ernstliche Leidenschaft für die galante Dame vorwirft, aber Sabatino hat inzwischen sich dieser Verirrung zu entschlagen gewusst: Renzos Schwester, die jungfräuliche Angiola hat ihn stärker angezogen. Der kluge Bruder will sich aber durch den Augenschein überzeugen, dass alles aus sei zwischen den beiden und ertheilt ihm den eigenthümlichen Auftrag, Proserpinen eine regelrechte, von Renzo zu belauschende Liebeserklärung zu machen, woraus dieser denn entnehmen wolle, wie es um beide stände. Nun kann sich freilich Sabatino, der Mädchenjäger, nicht der geringsten Gunst Proserpinens rühmen, aus gutem Grunde. Den andern ergab sie sich im Sinnenrausche, von ihm verlangt sie mehr, sein Herz, das er ihr bisher vorenthielt, daher denn ihr Zaudern, ihre scheinbare Kälte. Die Dissonanz, von der ihr Herz infolgedessen blutet, drückt sie in einem rührenden schlichten Sätzchen aus (V. Scene). Schmerz ist es auch, der hervorbricht, als sie gewahrt, dass seinem Antrage die gleichen oberflächlichen Triebe wie bei den andern zu Grunde liegen. Als er ihre Ungunst gar von ihrem Zweifel an seiner Freigebigkeit herschreibt, übermannt sie der Zorn, sie schickt ihn heim, er hat das Spiel Renzo gegenüber gewonnen. Launenhaft, für die Heldin eines lyrischen Dramas sogar zu wenig scrupelhaft, wirft sie sich dem Banditen Squarocca, der bei einem Einbruch in ihren Räumen ertappt wurde, an den Hals und verpflichtet ihn zu ihren Diensten, als sie von Orlando hört, dass Sabatino in Angiolas Reize verstrickt ist und dass diese bald das Kloster in Turin, in dem sie zur Jungfrau aufwuchs, verlassen soll, um Sabatinos Gattin zu werden. Ein schwungvolles Ensemble, in welchem sie hinter dem Geräusch eines Festes ihre Herzensqualen verbirgt, beschliesst den ersten Act, in welchem im Uebrigen die beschriebene knappe Art manchmal sogar allzu peinlich, bis zur Erzeugung einer gewissen Kurzathmigkeit, durchgeführt wird.

(Zweiter Act.) Ein sanftmelodisches Vorspiel versetzt uns in die geweihten Klosterräume nach Turin, junge Mädchen singen ein Ave Maria, um gleich darauf in anmuthigsten musikalischen Geplauder Angiola mit ihrem Bewerber zu hänseln (sehr hübsch verbindet sich mit dem Frauenterzett des Ave Maria das der plaudernden Mädchen), als Renzo auftritt. Er ist nur Herold Sabatinos, und es ist zu begreifen, wenn das junge Gänschen an den schmucken Freund des Bruders sofort ihr Herz verliert und mit beiden ein Terzett anstimmt, das einen wohleingerichteten Ehestand verheisst. Wohl merkt man Angiola das Glück der ersten Liebe, Sabatino der ersten reinen Liebe an. Zu einem fein ausgeführten Ensemble, einem bunten Gewebe auf der Grundirung einer aparten Begleitungsfigur des Orchesters, geben heranziehende Pilger und Bettler Anlass, die mit der Handlung nur insoweit zu thun haben, als sie Angiolas mildthätiges Herz offenbaren, den Kranz ihrer

Vorzüge also um ein neues Blatt bereichern, und als Squarocca, der sich eingeschlichen, die Züge der Nebenbuhlerin Proserpinens genau studiren kann.

(Dritter Act.) Natürlich hat der Galgenstrick nur im Auftrage seiner neuesten Eroberung gehandelt, noch mehr, er hat die ganze Zigeunerzunft, der er angehört, auf den Weg zwischen Turin und Rom berufen, wo sich das Völkchen an einer wilden Tarantelle ergötzt. Bald langt bei ihnen Squarocca, bald auch Proserpine an, die mit Schaudern von den Reizen Angiolas hört. Squarocca singt mit einem aparten Trinkliede Angiola und Renzo herbei, die durch einen heimlich von Squarocca inscenirten Reiseunfall zu kurzem Aufenthalt genöthigt werden. Proserpine, die als Zigeunerin gekleidet ist, spielt Angiola gegenüber die Rolle der Wahrsagerin und verlangt von ihr nichts Geringeres, als dass sie beim Geiste ihrer Mutter schwören solle, von ihrem Geliebten abzustehen, benimmt sich auch im Uebrigen in Folge ihrer schlecht verborgenen Eifersucht so verwunderlich, dass auch eine weniger Gewitzte als Angiola ihre Maske schnell erkennen würde. Immerhin ist Renzo nicht sofort zur Stelle, und eben schickt sich Squarocca an, sich des jungen Mädchens zu bemächtigen, als noch im letzten Augenblick Renzo und Soldaten sie befreien.

(Vierter Act.) Statt Angiolas, die Sabatino in seiner Junggesellenbehausung in einem feinen kleinen Monolog ersehnt, naht Proserpine. Die Qualen eines verschmähten Weibes sind nicht weniger gering, weil es den Anspruch auf wahre Liebe durch Liebelei verscherzt hat. Proserpine liebt zum ersten Male, und gewohnt zu siegen, zermartet sie sich den Kopf, um den Widerstrebenden zu kirren, betheuert ihm, nur mit ihm zu leben oder zu sterben und droht mit Rache (nur deren Ausbruch: Tremble! ist am Schlusse der erregten und fesselnden Scene zu zahm gehalten), als auch schon Angiola erscheint.

Sabatinos Bitte zu fliehen erfüllt begreiflicherweise die aufgeregte Proserpine nur zum Theil, um so Zeugin der reinsten Zärtlichkeit zu werden, die ihr unreines Herz am Ende eines Terzetts dennoch so in Aufwallung versetzt, dass sie mit gezücktem Dolch auf Angiola losstürzt. Der Stich wird von Sabatino geschickt parirt, und Proserpine thut, da sie nun doch einmal den Appetit an ihren faden Zerstreuungen eingebüsst, das einzige, was ihr übrig bleibt, sie ersticht sich und haucht mit der versönlichen Wendung: Seid glücklich! ihre Seele aus.

Es fehlt ihr zu einer echten Opernheldin im Allgemeinen an Grösse und Zielbewusstsein. Einem Squarocca nachlaufen, ist das sicherste Mittel, es mit Sabatino für ewige Zeiten zu verderben. Den Stich gegen Angiola lehrt sie die kleinlichste Eifersucht. So ist sie nichts mehr als eine Buhlerin, die in einem Anfall von Verzweiflung Hand an sich legt. Als Ganzes genommen dagegen, ist das Werk ein Merkstein in der Entwickelung der grossen Oper zum lyrischen Drama.

*　　*　　*

Le Timbre d'argent

(das Silberglöckchen), lyrisches Drama in vier Acten von Barbier und Carré, geschrieben 1875—77, veröffentlicht und auf dem Théâtre-Lyrique aufgeführt im Februar 1877, ist nächst dem kleinen Operneinacter La princesse jaune das zweite, von grössern Werken also das erste, das auf der Bühne erschien[4]).

Der Wiener Maler Conrad verschmäht seine treue und zärtliche Braut Helene um einer stummen aber verführerischen Tänzerin willen, zu deren Herzen er aber nur auf goldgepflastertem Wege gelangen kann. Im Halbschlaf erscheint ihm der Teufel, um ihm ein Silberglöckchen zu übergeben: ein Schlag daran genügt, und das Gold fliesst in Hülle und Fülle herbei. Freilich bedeutet ein solcher Goldregen jedesmal den Tod eines ihm theuren Freundes. Er versucht zweimal den Zauber und muss ihn einmal mit dem Tode des Vaters seiner Braut Helene, das andre Mal mit dem Tode seines Freundes Benedict, der in den Armen seiner Verlobten Rosa plötzlich den Geist aufgiebt, büssen. Da schleudert er unwillig das Glöckchen von sich, um zu erwachen und fortan seinem Irrwahn zu entsagen. Zwei Hochzeiten, seine mit Helenen, die Benedicts mit Rosa, beschliessen das Stück. Leider ist das meiste, was wir während dreier Acte sich abspielen sehen, eben nur ein Traum, und der Zuschauer fühlt sich am Schlusse, wo er auf den Boden der Wirklichkeit

LE TIMBRE D'ARGENT

J. BARBIER & M. CARRÉ   DRAME LYRIQUE EN 4 ACTES   MUSIQUE de CAMILLE SAINT-SAËNS

Nach einem Pariser Plakate im Besitze des Musikhistorischen Museums des Herrn Fr. Nicolas Manskopf in Frankfurt a. M.

zurückversetzt wird, einigermassen genasführt.

Die Musik ist ein wenig ungleich und enthält neben schönen und genialen Eingebungen doch auch allzu willfährige Zugeständnisse an den Geschmack des grossen Publikums. Die Momente träumerischer Verzückung (beim Auftreten der Tänzerin Fiammetta) sind jedenfalls weit besser getroffen, als die satanische Note. Muntere und anmuthige Ensembles, gefühlvolle Einzelgesänge durchflechten sonst die Oper.

* * *

*

Phryne,

komische Oper in zwei Acten,
Dichtung von L. Augé de Lassus, Musik von C. Saint-Saëns.

Erste Aufführung in der Komischen Oper im Mai 1893 unter der Direction Léon Carvalhos.

Die Oper (1892—93 geschrieben, 1893 veröffentlicht) erregte durch die Schlussscene, in welcher die schöne Sibyl Sanderson in magischer Beleuchtung als Aphrodite erschien, ein gewisses Aufsehen: nur wer diese Scene gesehen, konnte Anrecht darauf erheben, zu Ganz-Paris gerechnet zu werden. Die Geschichte, die zu einem Opernlibretto (mit Dialog) aus-geschlachtet worden ist, stützt sich auf den be-kannten Sieg, den die griechische Huldin mit ihren Reizen über ihre Ankläger davontrug. Nur geht die Entscheidung nicht im öffentlichen Areopag, sondern im Boudoir der Schönen vor sich, auch wird der Bekehrungsversuch nur an dem Archonten Dicephilos vollzogen. Dieser nämlich, von den Athenern in einer bei ihnen nicht gerade häufigen Anwandlung von übertriebener Sittsamkeit als Tugendbold verherrlicht und durch die Auf-stellung seiner Büste geehrt, alter Junggeselle, im Uebrigen scheinheilig, geizig, übelwollend, hat seinen leichtfertigen Neffen Nicias enterbt und weigert sich, dessen hohes Schuldregister zu be-gleichen. Phryne, intime Freundin des Neffen, lockt den Alten in ihre Wohnung und macht ihn durch Entfaltung ihrer Gliederpracht so ge-fügig, stellt ihn zudem durch die Belauschung der Scene durch Nicias so bloss, dass der Alte, um einen öffentlichen Skandal zu verhüten, gern in alle Bedingungen der Versöhnung, vor allem

Sibyl Sanderson
(Photographie Reutlinger, Paris.)

in die Bezahlung der Schulden einwilligt, wofür ihm denn aufs neue die Lobpreisung aller Frommen von Athen erblüht.

Die Musik ist flüssig und gefällig; von Archaïsmen, wie in der Antigone und Dejanira hat Saint-Saëns aus begreiflichen Gründen abgesehen; es ist Pariser Luft, die wir athmen. Die Charakteristik ist treffend, ohne sich auf Kosten des musikalischen Flusses aufzudrängen. Dicephilos ist stets humor-voll mit spärlich abgestossenen Noten als der trockene Principienreiter ge-zeichnet. Recht lebendig geht es bei dem Kampfe zu, den die Diener und Freunde der Phryne gegen die Träger der öffentlichen Gewalt unternehmen, um Nicias aus der Gefängnisshaft zu befreien. Sehr apart und graziös ist das Motiv, mit welchem Phryne dem Befreiten Gastfreundschaft bietet, und beide tauschen, da auch Phryne sich nicht ohne Belagerung ergiebt, fein-sinnige Worte der Liebe, die ebenso geschmackvoll in Töne gesetzt sind. Launig und sprühend ist dann das Spottlied, das Nicias auf seinen Oheim singt (»On raconte qu'un archonte Etait un coquin maudit«), zumal bei der Wiederholung, in der über dem Chor und den Stimmen des Nicias und der Lampito, der Dienerin der Phryne, der letzteren geschmeidige Gesangsarabesken erklingen. Den zweiten Act eröffnet dann das Liebesduett zwischen Nicias und Phryne. Es athmet dieselbe verfeinerte Sinnlichkeit, die jenes erste Frage- und Antwortspiel zwischen beiden kennzeichnete und die etwa in Goethes römischen Elegien dem antiken Geiste am treffendsten nachempfunden ist. Als musikalisch anziehend ist das Allegro moderato hervorzuheben, wo eine langgestreckte Instrumentalcantilene den Gesang des Nicias

(Excusez ma présence indiscrète) lange Zeit begleitet. Es tönt in ein inniges gegenseitiges Liebesgeständniss aus. Ein intimer Stimmungszauber liegt endlich auch über der Schilderung der Phryne, wie sie den Wellen entsteigend den Sterblichen eine Wundererscheinung der Aphrodite dünkte:

die Meereswogen (in der Bassfigur zuerst), ihr Baden (Terzenfolgen), das Staunen der Fischer sind bei aller Einfachheit nicht wenig anziehend. Es ist zu verwundern, dass dies allerliebste Werkchen mit seinen tausend Anspielungen auf unsere Lebewelt noch nicht den Weg auf die deutschen Bühnen gefunden hat.

* * *

Javotte
Ballet in einem Act und drei Bildern
von J. L. Croze
(1896 geschrieben und veröffentlicht.)

Ende des II. Aktes
Nach der Aufführung der „Komischen Oper"
in Paris gezeichnet von E. Zier.

Trotz der Entartung des modernen Ballets, das von einer durch Schönheit und Anmuth geadelten körperlichen Beredsamkeit zu einem Erregungsmittel der Sinnlichkeit und zur Pflegestätte der Gymnastik der untern Gliedmassen vorwiegend des weiblichen Geschlechts herabgesunken ist, obschon also im ernsten Musikdrama mit Fug die der grossen französischen Oper unentbehrliche Balleteinlage ausser Kurs gekommen ist, entgeht doch nicht so leicht ein Componist von etwas Vielseitigkeit und flüssiger Schreibweise der Versuchung, Musik zu einer Ballethandlung zu schreiben, so Rubinstein, so Tschaikowsky, von Delibes abgesehen, der für die Gattung eine ganz besondere Voranlage besass und der alternden Matrone aus dem Jungbrunnen der Tonkunst einen Wunder wirkenden Verjüngungstrank überreichen durfte, so weiter Bizet, der zwar kein ganzes Ballet in Musik setzte, dessen Balletnummern in Djamileh, in Carmen das Reizvollste sind, was neben Delibes die moderne Balletliteratur aufzuweisen hat, so endlich Saint-Saëns. Er liess sich Zeit, bis er sich zu dieser Huldigung vor der Tanzkunst entschloss, hatte er doch 1896 bereits die Sechzig überschritten.

Den Schauplatz der Begebenheit bildet das Nièvre-Departement Frankreichs. Es ist aber kein Grund vorhanden, warum derselbe nicht ebensogut in ein trauliches Winkelchen der deutschen oder russischen Erde verlegt werden könnte, wofern nur dort die Trachten ebenso malerisch sind wie an den Ufern der Nièvre. Sitten und Sittlichkeitsbegriffe, auf denen die Verwickelung der Handlung fusst, sind in der ganzen civilisirten Welt die nämlichen, und die Kirchenglocken werden ebenfalls überall geläutet, wo der christliche Glaube regiert.

Ohne Gebet geht es nämlich auch hier nicht ab, das freilich, wie zu Anfang der Meistersinger, die Folie zu einem zärtlichen Gedankenaustausch

5

des Liebespaares, Jeans und seiner Javotte, bilden muss, und doch nicht ganz Folie ist. Die Glockenklänge und die in Octaven und Quinten psalmodirenden Tonfolgen erwecken in dem Herzen des ausgelassenen, aber unverdorbenen jungen Dings scharfe Gewissensbisse, zu denen die Musik sich in rührenden Phrasen ergeht. Zu lange hat sie nicht Zeit, sich ihnen hinzugeben, da schon ihre Eltern erscheinen, um die Flüchtige, die ihnen ohne Abschied davonlief und auf dem Volksfeste ihren Liebsten fand, einzufangen. Dem blindwüthigen Vater tritt die Mutter besänftigend gegenüber, aber das Resultat ist darum nicht tröstlicher, Javotte wird nach Hause zurückgeführt, indess Jean von den Schönen, die ihn beim Aufgehen des Vorhangs vergeblich zu fesseln suchten, weidlich verspottet wird.

Der Grundzug der Musik ist ungesuchte Natürlichkeit. Die Sucht, um jeden Preis originell zu sein, ist dem Componisten fremd: für die Handlung den in jedem Fall zutreffendsten, aber dabei schlichten und gefälligen Ausdruck zu finden, das tritt uns als seine künstlerische Absicht entgegen. Ungebundene Fröhlichkeit wohnt der Volksscene im Anfang inne, über welche kleine sehnsuchtsvolle, auf Jeans Melancholie deutende Phrasen hinweghuschen. Javottens Eltern, die bald erscheinen, um die Tochter zu suchen, erhalten ein rauhes, obschon den schlichten bäuerlichen Ton nicht verläugnendes Motiv, das, die Sinnesgemeinschaft des alten Paares andeutend, kanonisch geführt wird. Eine allerliebste Tonfolge, dem Quiriliren des Vögelchens nachgebildet, begleitet das stürmisch-zärtliche Herbeieilen Javottens. Sonst wäre noch eine Bourrée, lange Zeit auf denselben Grundaccorden verharrend, indess die Oberstimme sich in geschmeidigen Windungen bewegt (wobei die der Naturstimmung der Instrumente eigene kleine Septime mehrfach ertönt), hervorzuheben.

Im zweiten Bilde büsst Javotte ihren Fluchtversuch, indem sie allein zu Hause bleiben muss, indess ihre Eltern dem Vergnügen nachgehen. Häusliche Arbeit kommt ihr hart an, und alle Augenblicke taucht zwischen Besen und Staubtuch, zwischen Kamin und Geschirrschrank eine süsse Erinnerung auf, die sie sich beeilt, in zierliche Pas' umzusetzen. Ein feinmelancholisches Spinnerlied des Orchesters, ein in spitzen Staccati ergötzlich characteristisches Strickthema begleiten ihre Verrichtungen, bis sie sich ihnen entreisst, um in einem zierlichen Walzer ihre Liebessehnsucht auszutanzen.

Früher, als sie denkt, wird diese gestillt, denn Jean hat unvermerkt das Fenster erstiegen und begrüsst Javotte in stürmischen Liebkosungen, indess die Musik eine sprechende Beredsamkeit entwickelt. Possierlich wirken die steifen Ceremonien, mit denen die Uebermüthige den Auserwählten aufnimmt, um so ungenirter fallen gleich darauf ihre Freudensprünge aus, deren Ungebundenheit sogleich das ganze Zimmer mit Scherben und umgeworfenen Geräthen anfüllt. Nach einem namentlich im ersten Theil sehr schmiegsamen Pas de deux machen sich beide flink aus dem Staube. Der Eltern Zorn ist begreiflich, als sie die zweite Flucht der ungerathenen Tochter gewahren, schon glauben sie die beiden Ausreisser in einem Paar, das ihr Freund Feldhüter auf der Strasse gefasst, wieder anlangen zu sehen, als sich herausstellt, dass der Brave die Falschen aufgegabelt hat, die denn nicht säumen, rect »falsch« zu werden und auf handgreifliche Weise an Personen und Dingen, die ihnen nur zwischen die Hände kommen, Vergeltung zu üben.

Ebenso kunstvoll, wie unter Verwendung eines lange Zeit durchgeführten Basso ostinato wirksam, vollzieht sich im dritten Bilde das Anwachsen der Volksmenge, die zum Feste herbeieilt. Dasselbe besteht in einem Wetttanzen, dessen Siegerin die Würde der Ballkönigin erhält. Die Tänze der ersten vier Bewerberinnen stechen durch ihre rhythmische Eigenart wie durch ihren melodischen Reiz hervor, sie sind dabei so prägnant, dass sie dem Tanzenden die Gebärde förmlich aufdrängen, insbesondere der mässig schnelle dritte, sowie der intime und empfindsame, im langsamen Gavottencharakter gehaltene vierte Tanz. Da erscheint Javotte. Durch ihre von den Zauberklängen eines Walzers begleitete Anmuth stimmt sie sofort die vorher dissonirenden Richter zu einem Beifallsaccord zusammen. Die Eltern, der Feldhüter eilen athemlos herbei, um die Pflichtvergessene zu erwischen, die eben noch so hoch geehrt wurde, der Vater droht gar mit Todschlag, da deutet Jean das erlösende Wort an, indem er sich bereit erklärt, sie zu heirathen. Das hätte er freilich früher sagen können, aber

Ernest Guiraud.
*(Nach einer Photographie im Besitze des Musik-
historischen Museums des Herrn Fr. Nicolas
Manskopf in Frankfurt a. M.)*

dann wären wir um dies in Tanz und Weise gleich anmuthende Ballet gekommen. Eine Reihe von Tänzen, von denen einer im $^3/_4$-Tact die ganze rhythmische Gewandtheit der Tanzenden erfordert, und die gegen den Schluss in der Vereinigung verschiedener Themen die hohe contrapunktische Meisterschaft des Componisten in vollem Glanze zeigen, beschliesst das Werkchen.

*
* *

Frédégonde,

Oper in fünf Acten, Dichtung von Louis Gallet, Musik von Ernst Guiraud und Camille Saint-Saëns,[5]) zeigt unsern Componisten als Ausbauer und Beender des von seinem 1892 verstorbenen Freunde hinterlassenen Operntorsos. Kaum ist zwischen der Schreibweise des Beginners und des Vollenders ein Unterschied zu entdecken, so sehr hat dieser sich in den Stil des ersten hineingelebt. Auch diese Oper ist auf dem Boden der reformirten französischen grossen Oper erwachsen. Sie schildert die Empörung Merowigs gegen seinen Vater Hilperich, der in die Netze der ebenso schönen wie leichtfertigen Frédégonde verstrickt ist, während Merowig in edler Liebe zu Brünnhilda entbrennt. Kämpfe zwischen beiden Parteien nehmen einen grossen Theil der Handlung ein, die damit schliesst, dass Merowig, anstatt die Verzeihung seines Vaters anzunehmen und dadurch ewigen Klostergewahrsam und wahrscheinlichen Tod durch Fredegondes Ränke zu gewärtigen, sich selbst den Tod giebt. Die Liebesscenen zwischen den beiden Paaren enthalten manche köstliche Melodienblüthe. Rhythmisch pikant und mannigfaltig sind die Balletnummern, darunter eine mit der wiederkehrenden Tactfolge $^2/_4$ $^2/_4$ $^3/_4$ $^2/_4$ $^3/_4$ gleich $^{12}/_4$. Die Oper wurde mit grossem Erfolge in der Pariser grossen Oper aufgeführt.

* * *

Bei der Aufzählung der theatralischen Werke darf auch Saint-Saëns'

*Nach einem Scenenbild (Pariser Oper) im Besitze
des Musikhistorischen Museums des Herrn
Fr. Nicolas Manskopf in Frankfurt a. M.*

Musik zur Antigone des Sophokles nicht übergangen werden, die in mehr als einer Hinsicht Interesse erweckt, neben dem theatralischen vor allem auch ein musikalisch-philologisches, insofern die spärlichen Ueberlieferungen von altgriechischer Tonkunst hier zum ersten Mal eine praktische Anwendung auf der modernen Bühne erfahren. Der Titel lautet:

Antigone
Tragédie de Sophocle,
mise à la scène française par P. Meurice et A. Vacquerie.

Die Arbeit ist im Jahre 1893 geschrieben und veröffentlicht. Die erste Aufführung fand im Théâtre-Français unter Leitung Jules Clareties am 21. November 1893 statt.

Die Vorrede, die der Componist der Arbeit voraufschickt, giebt über seine Absichten Aufschluss. Er hat sich die Forschungsresultate Gevaerts, des gelehrten Leiters des Brüsseler Conservatoriums in dessen Histoire et théorie de la musique de l'antiquité zur Richtschnur genommen, denen zu Folge sich die Griechen für die Recitation namentlich der lyrisch gefärbten Stellen ähnlicher Tonleitern bedienten, wie sie uns in den alten Kirchentonarten enthalten sind, während die Instrumentalmusik zu complicirteren Tonleitern griff.

Ueber die Vorbilder, die er dabei benutzte, macht er folgende Mittheilung: »Die Bühnenmusik, welche den Abgang der Eurydice begleitet, ist den Trojerinnen des Euripides entnommen; sie stammt nicht von Euripides selbst, sondern von einem Musiker, der mit ihm arbeitete, da Euripides dem Anschein nach der erste tragische Dichter war, der seine Musik nicht selbst verfasste«.

Die Stelle ist so bemerkenswerth und eigenthümlich, dabei in der Tonfolge so charakteristisch, dass sie dem Leser nicht vorenthalten sei:

»Der Schlusschor«, so fährt Saint-Saëns fort, »bildet eine Nachahmung einer Pindarschen Ode. Derselbe bewegt sich in einfachen Tonschritten nicht unähnlich den katholischen Gesängen alter Zeit.«

Die Hymne an Eros ist einem griechischen Volksliede nachgebildet, das Bourgault Ducoudray aus Athen mitgebracht. Dies Stück bildet wohl die reizvollste, wenigstens den modernen Hörer am meisten anmuthende Nummer der Partitur. Die etwas schmachtende Cantilene ist hier ausnahmsweise von der Harfe accordisch begleitet, während im Uebrigen der Componist sich streng nach der Gepflogenheit der altgriechischen Musik richtet, welche nur die Melodie, nicht die Harmonie kannte, und während er nur durch Hinzufügung eines strengen, feierlichen Contrapunktes genau im Geiste der eigentlichen Melodie ein Zugeständniss an das moderne Musikempfinden macht. »Die instrumentalen Ritornelle sind dem Werke Gevaerts über die alte Musik entlehnt ... Die Instrumente stützen die Gesangsstimme im

Einklang oder vollführen über demselben eine Art Verzierung; das war diese Art kunstloser Polyphonie, deren sich die Alten nach Gevaerts Zeugnisse bedienten. Vergebens würde man in dieser Musik die schillernden Wirkungen der modernen Kunst suchen; es ist eine Handzeichnung, ein wenig durch matte Farben gehoben, deren äusserste Schlichtheit ihren ganzen Reiz ausmacht; in dieser Verbindung der Dichtkunst und Musik nimmt jene die erste Stelle ein und die Musik erfüllt hier nur die Rolle einer Helferin.«

Als weiterer Beleg zur Charakterisirung der griechischen Musik sei noch der Auftritt der Antigone mitgetheilt, gleichzeitig ein Beispiel für den Gebrauch des sogenannten chromatischen Tongeschlechts, das sich auf der eigenthümlichen Tonleiter D-ES-E-G : A-B-H-D aufbaute:

-Auftritt der Antigone.

Aus diesem Grunde ist es vollkommen ungriechisch und es giebt ein völlig verkehrtes Bild der griechischen Musikausübung, wenn die spärlichen, erhaltenen Reste von Herausgebern mit einer Harmonie versehen werden, anstatt dass der Leser sich bemühen soll, sich der Harmonie bei diesen Resten gedanklich völlig zu entäussern. Wagner, der neben seiner sprühenden dramatischen Genialität eine viel grössere Gelehrtennatur besass, als er es von sich gab und die Mehrzahl seiner Bewunderer ahnte — obschon diesem Theile seiner Bedeutung bereits kundige Lobspender erwachsen sind — hat in der »traurigen Weise« im dritten Act des Tristan ein solches Beispiel eines unbegleiteten und harmonielos gedachten Gesanges gegeben, das als modernisirtes Griechenthum gelten darf und dem Hörer eine viel deutlichere Anschauung vom Wesen der griechischen Musik giebt, als ein mit Harmonie versehener griechischer Melodiefetzen. Beifallswerth ist darum in der Antigone das Vorgehen des Herrn Saint-Saëns, der die Marschroute des trefflichen Gevaert gerade so weit ausbaute, um sie der Genussfähigkeit des modernen Hörers anzupassen. Am meisten Entgegenkommen beweist er hierin wohl in dem merkwürdigen Schicksalschor:

> Tu n'est pas la première,
> Qui perdit la lumière
> Et la vie à la fois.

In Heinrich Viehoffs Uebersetzung (Leipzig, Bibliographisches Institut):

> Danaes hohe Gestalt auch tauschte
> Einst mit der Nacht das himmlische Licht.

Ueber dem stets fortsummenden Grundton G bewegt sich erregungsvoll die Chorstimme, durch mannigfaltige Instrumentalphrasen unterbrochen. Als Beispiel wie Saint-Saëns sich zur Bereicherung der musikalischen Wirkung bei der zweiten Strophe des Contrapunktes bedient, sei der Anfang der zweiten Gegenstrophe des Chors an Helios angeführt:

El - le fuit,   la ter-ri - ble ar - mée

Jedenfalls bietet sich ernsten deutschen Theatern, die oft in Verlegenheit sind, um ihren Zuschauern eine künstlerische Ueberraschung zu bereiten, hier ein Beispiel einer sinngemässen und stilvollen Wiederbelebung des unvergänglichen Schatzes der altdramatischen Literatur. Die unüberbrückte Kluft, die noch in Mendelssohns Antigonemusik zwischen altem Pathos und neuer Sentimentalität, zwischen griechisch strenger Kargheit und moderner Ueppigkeit in der Musik besteht, ist hier glücklich vermieden, und der moderne Zuschauer hat bei dieser Art wenigstens die Empfindung, dass es so wohl bei den Theateraufführungen der Alten hergegangen sein könnte. Die griechische Culturwelt ist ihm, soweit es überhaupt geschehen kann, dadurch nahegerückt und aufgeschlossen.

* * *

Es spricht für die Ursprünglichkeit der Pariser in Theaterdingen, dass auf die Antigone in kurzer Zeit eine

Dejanira

Trauerspiel von Louis Gallet,
mit Musik von Saint-Saëns

folgen konnte. Freilich werden sie für die Wiederbelebung antiker Trauerspiele durch ihre Racine und Corneille, durch das singende Pathos ihrer Tragöden und Tragödinnen weit besser vorgebildet, sind für den klangvollen Tonfall der Jamben, für schönrednerische Schlagworte weit empfänglicher und wissen infolgedessen den Sprung von dem modernen Empfinden in die Anschauungsweise Altgriechenlands gelenker zu vollführen als die Deutschen.

Saint-Saëns hat in seiner Musik zur Dejanira die in der Antigone beobachteten Grundsätze erheblich erweitert. Der Auftritt Joles im ersten Act, die Einleitung zum zweiten Act, deren zweiter Theil mehrmals als Auftritt Joles wiederkehrt, der Anfang des Vorspiels des vierten Acts sind griechischen Mustern nachempfunden; ein Gebet folgt sogar der Gepflogenheit des russischen Kirchengesangs, den nämlichen weitzerlegten Accord zu wiederholen, auch ersinnt der Componist fremdartige Tonleitern, um sie seinen Tonsätzen zu Grunde zu legen, so für den Auftritt des Hercules im zweiten Act: As, B, C, D, E, Fis (als russische Tonleiter wegen ihrer häufigen Verwendung durch die Neurussen bekannt). Im Uebrigen macht er sich die kühnsten modernen Intervallfolgen und Modulationen mit der durch den antiken Stoff gebotenen Schlichtheit zu Nutze und erreicht dadurch die einschneidendsten Wirkungen, so bei der Accordfolge, welche die Flammenpein des Heroen schildert (Clavierauszug S. 110). Mit wahrhaft genialer Characteristik malt er auf Grund einer rhythmisch belebten Verzierung einer chromatischen Tonfolge (erster Act No. 2) die Qualen der eifersüchtigen, krampfhaft verzerrten Dejanira, die bei den Worten »criant sa honte et sa douleur«) ein weiteres Motiv von tragischer Empfindungsgrösse veranlasst. Als musicalische Juwelen sind weiter noch im zweiten Act der Chor »Dans un déchaînement . .«, dessen heftige Erregung durch die Anrufung der Athene beschwichtigt wird, der Eröffnungschor des dritten Acts, das Tenorsolo zur Begrüssung der Jole im vierten Act, der Tanzchor ebenda hervorzuheben. Die Hymne an Eros im dritten Act ist für den leichtbeschwingten Liebesgott zu düster und wuchtig. Zu Anfang, in dem erwähnten Chor des zweiten Acts, bei der Apotheose des Hercules am Schlusse sind Motive aus der Jennesse d'Hercule, das erste Hauptmotiv und die abwärts schreitende Tonleiter des Schlusses, verwandt worden. Jedenfalls darf die neueste Schöpfung des Componisten als Beweis gesteigerten Characterisirungsvermögens und hochkünstlerischen Ernstes bezeichnet werden[1]).

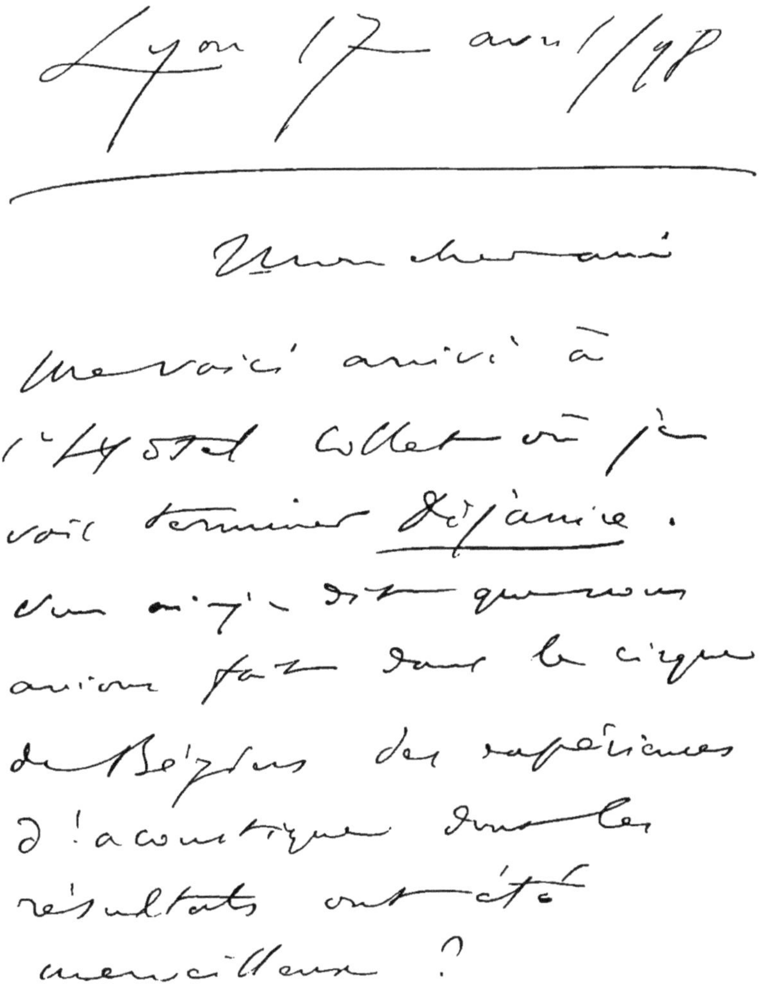

Lyon 17 avril/98

Mon cher ami

me voici arrivé à l'Hôtel Collet où je vais terminer Déjanire. Un ami m'a dit que vous aviez fait dans le cirque de Béziers des expériences d'acoustique dont les résultats ont été merveilleux ?

BRIEF SAINT SAËNS.
Original im Besitze seines Verlegers Durand.

Neitzel. Saint Saëns.

Les solistes pour Déjanire
seront Duc... et Mlle Bourgeois,
deux coryphées. les personnages
ne chantent pas.

amitiés

C. Saint-Saëns.

CONCERT- UND KAMMERMUSIK.

A. INSTRUMENTALWERKE.

Von den Zugeständnissen an den Geschmack des grossen Publikums, denen wir in Saint-Saëns Opern mehrmals begegneten, ist auf dem Gebiete der Concert- und Kammermusik nicht die Rede. Er offenbart sich hier am bedeutendsten, ursprünglichsten und vornehmsten. Wohl vollzieht sich bei ihm eine gewisse Wandlung in der Weise, dass den ersten natürlich sprudelnden Fluss der Erfindung später die Reife und der Glanz der Arbeit und eine bedachtere Ausnutzung der Themen, deren frühere Frische durch grössere Charakteristik und Stimmungsgemässheit abgelöst wird, ersetzen. Auf diesem Gebiete steht er auch in Deutschland, und da Frankreich und Deutschland die musikalische Welt beherrschen, in der ganzen Welt als eine der bedeutendsten Erscheinungen der modernen Musik da. Sein G-moll-Clavierconcert, sein F-dur-Trio, sein B-dur-Quartett, sein Rondo für Violine, seine Variationen für zwei Claviere über das Menuett von Beethoven sind im Hause, in den Musikschulen, in den Concerten gleich häufige, willkommene Gäste. Ein Hauptmerkmal all dieser Werke bildet das Erfassen der Eigenart des Instruments, für das er schreibt, worin er wie in manchen andern Zügen, der Eleganz der Arbeit, der Gefälligkeit der Erfindung mit Mendelssohn zu vergleichen ist. Schreibt er ein Violinconcert, so scheint es, als ob er nebenbei ein Geigenvirtuos sei, bis sein Violoncellconcert die Vermuthung nahe legt, er habe sich zeitlebens dem Violoncell gewidmet, von den Clavierconcerten ganz abgesehen, bei denen die Rechnung endlich zutrifft.

Seine beiden Sonaten für Clavier und Violine, die erste in D-moll, Opus 75, Marsick gewidmet, die zweite in Es-dur, Opus 102, Herrn und Frau Carembat gewidmet, spiegeln die oben gekennzeichneten beiden Lebensepochen wieder, nur dass die erste Sonate bereits dem Uebergangsstadium entsprossen ist. Die erste ist mehr melancholisch eingesponnen, die andere romantisch elegant. Ein in sich gekehrtes Sinnen liegt dem zart ausgesponnenen Scherzo der ersten zu Grunde, reizvoll wirkt vor dem Schluss in dem passagenreichen und aufgeheiterten Finale die Wiederkehr des zweiten Themas aus dem ersten Satze. Eine friedsam wonnige Episode bildet den langsamen Satz der zweiten Sonate (H-dur) mit seinen langsam aufsteigenden Passagen.

Einen Schritt über sich hinaus wie in seiner Orgelsymphonie vollbringt der Componist auch in seiner Violoncellsonate mit Clavier (J. Lasserre, einem bedeutenden, jetzt in England lebenden Violoncellisten gewidmet, opus 32, C-moll). Sie offenbart vor allem eine Leidenschaft, die ihm sonst nicht zu eigen ist und die im letzten Satz sich ins Dämonische steigert. Als tröstlicher Ruhepunkt wirkt ein paraphrasirter Choral im zweiten Satz mit einem feinen Klangeffect, wie ihn der Componist gern am Schlusse seiner langsamen Sätze anbringt: abgestossene Accorde des Claviers mit Pizzicato-Noten des Violoncells. Die Factur des ganzen Werks ist durch einen Vergleich mit Beethoven nicht zu hoch eingeschätzt, die Erfindung ist bedeutend und gewinnend. Auch seine Suite für Violoncell und Clavier (in D-moll, Schlusssatz in D-dur, Opus 16) sei den Musikfreunden in Erinnerung gebracht. Das Präludium ist wie der Anfang seines zweiten Clavierconcerts ein Improvisiren im Bachschen Stil. Was ihr an formeller Abrundung und feiner Instrumentalwirkung wohl noch fehlt, ersetzt sie durch eine von pikanter Herbheit manchmal nicht freie Ursprünglichkeit der Erfindung in melodischer und rhythmischer Beziehung.

Noch mehr als die beiden Violinsonaten kennzeichnen die beiden Trios für Clavier, Violine und Violoncell seine beiden Lebensepochen. Das erste in F-dur Opus 18 weist namentlich dem Clavier eine dankbare Aufgabe zu, schlägt im zweiten Satz A-moll den schlicht melancholischen Volksliedston an, sprüht im Scherzo von feinen rhythmischen Spielereien und ist als Ganzes von entzückender Anmuth.

Vom zweiten E-moll Opus 92 ist namentlich der erste Satz thematisch interessant und durch feine Factur wie durch Stimmungstiefe hervorstechend. Den zweiten Satz bildet ein anmuthiges Allegretto im natürlich fliessenden 5/4 Tact, den dritten eine Art vornehmen Ländlers, während der letzte (mit einer Fuge) wieder die ernste Stimmung des Anfangs aufnimmt.

Als classisch darf sein Clavierquartett bezeichnet werden, das von seinen Kammermusikwerken wohl die meiste Verbreitung gefunden hat (B-dur, Opus 41) und das namentlich in dem lieblichen, rhythmisch aparten ersten Satz und dem auf Grund des Hauptthemas immer mehr beschleunigten dritten Satz die ursprünglichste Erfindung erkennen lässt, in dem ernsten pathetischen zweiten Satz auch des rechten Gegensatzes nicht entbehrt.

Ein aus ziemlich jungen Jahren stammendes Quintett für Clavier und Streichquartett (Opus 14 in A, bei Leuckart in Leipzig erschienen) verdient als feines Werk von breiter Anlage Beachtung. Das fantastische Scherzo wird in seiner Wirkung noch durch Hinzufügung eines Contrabasses erhöht. Der Claviersatz ist virtuos behandelt. Freilich ist es mit seiner intimen Melancholie, seiner zarten Kleinarbeit noch mehr für die »Kammer« als den Concertsaal berechnet.

Ein angenehmes, leicht spielbares Werk ist ferner auch sein Trompetenseptett (für Clavier, Streichquintett und Trompete, die letzere jedoch in massvoller und dem Gesammtklange fein angeschmiegter Verwendung, Opus 65 in Es-dur), das sehr knapp, aber liebenswürdig und dankbar behandelt ist.

Sein Leibinstrument hat der Componist mit nicht weniger als fünf Concerten bedacht. Das erste D-dur Opus 17 (Alfred Jaell gewidmet) ist noch ein wenig unabgeklärt, technisch nicht uninteressant, im letzten Satz sogar frisch und naturwüchsig. Jedenfalls ist der Schritt zum zweiten in G-moll op. 22 (Madame de Villiers gewidmet) trotz des geringen Unterschiedes in

den Opuszahlen ein ganz ungeheurer. Welche rhythmische Mannigfaltigkeit
in der kurzen abwechselnd vom Clavier und Orchester durchgeführten grollen-
den Phrase im ersten Satz, dann im Scherzo, mit seinem graziös hüpfenden
Haupt- und seinem übermütigen Nebenthema,
endlich in der Tarantelle des letzten Satzes,
welche Tiefe der Empfindung in den Ecksätzen,
welch sprühender Geist im Scherzo, welch
dämonische Kraft am Schluss des Finales, und
vor allem welch glänzender, der Natur des Instruments abgelauschter Claviersatz!

Es war schwer, nach diesem Wurf die
Erwartungen der musikalischen Welt nicht zu
enttäuschen. In der That hat sich diese erst wie-
der dem vierten Concert in ähnlichem Masse
zugewandt. Dennoch weist auch das dritte
(Delaborde gewidmet, Opus 29 in Es-dur) hohe
Vorzüge auf. Schon in der Form weiss der
Componist durch geschickte Uebergänge, durch
Verstellung der Cadenzen, des Tempos und
Characters dem abgenutzten Schema immer
neue Seiten abzugewinnen, so hier im ersten Satz, der trotz der freien Form-
behandlung doch die beiden Gegensätze stämmiger Kraft und zierlicher
Tändelei zu höherer Einheit verschmilzt. Auch das sinnende kurze Andante
mit seinem rhythmisch eigenartigen Nebenthema, endlich der letzte Satz mit
seinem glänzenden Ungestüm bieten dem Clavierspieler nicht alltägliche
Aufgaben.

Mehr der Improvisation sich zuneigend, obschon zuerst der Variation
folgend, im Scherzo (Allegro vivace) und im letzten $^3/_4$-Tact mit seinen
majestätischen Unisonen wieder regelmässig gearbeitet, ist das vierte Concert
C-moll (op. 44, Anton Door gewidmet), dem sein virtuoser und dabei alle
Schattirungen und technischen Gattungen berücksichtigender Character eine
grosse Beliebtheit eingetragen hat. Das fünfte, dasselbe, welches Saint-
Saëns bei seinem Jubiläum in Paris Juni 1896 einführte (F-dur, Opus 103,
Louis Dièmer gewidmet), enthält in seinem zweiten Satz eine höchst eigen-
artige maurische Episode, die im Klange wie in den Tonfolgen und Rhythmen
exotische Reize erschliesst. Dem poetisch zarten und feinsinnigen ersten
Satz steht ein etwas hahnebüchenes Finale gegenüber, das gar zu kurz
abbricht, weswegen es sich empfehlen würde, die Tacte S. 64 der Clavier-
stimme 3. Doppelsystem zweiter Tact bis S. 66 erstes Doppelsystem ein-
schliesslich zweimal zu spielen.

Das dritte Concert für Violine, op. 61 H-moll (Sarasate gewidmet),
ist namentlich in den letzten Jahren zu ähnlicher Verbreitung gelangt, wie
sein zweites Clavierconcert. Den ersten und dritten Satz (beide Allegro non
troppo) kennzeichnet finstre Entschlossenheit, die im letzten Satz, durch ein
Instrumental-Recitativ eingeleitet, mit verschärfter Heftigkeit auftritt. Den
Gegensatz dazu bildet der Mittelsatz (E-dur, Andantino quasi allegretto, $^6/_8$),
über dem die Frühlingssonne lächelt. Am Schluss findet sich ein frappanter
Effect von tiefer Clarinette und Solovioline im Flageolet in Octaven. Zur
Beschwichtigung der verstärkten Erregung des letzten Satzes dient ein Hym-

nus, der bei der Wiederkehr den Blechinstrumenten anvertraut wird und der die trotzig wetternden Streichinstrumente zu bannen scheint, ein geistvoller und aparter Gegensatz von Rhythmus und Klang.

Das erste Concert für Violine und Orchester (Sarasate gewidmet, op. 20 A-dur), bekannter unter dem Namen Concertstück, ist nicht zu verwechseln mit dem Concertstück op. 62. Der erste Satz ($^6/_4$) kehrt mit geringen Veränderungen wieder und umschliesst den träumerisch milden Mittelsatz (Andante espressivo) Den ersten durchzieht eine frische Tonfreudigkeit, die sich auch rhythmisch oft in eigenartiger Weise äussert, bald in festen Accorden, bald in feinen Syncopirungen.

Introduction et Rondo capriccioso für Violine und Orchester, op. 28, (Sarasate gewidmet) A-moll, am Schluss A-dur, ist ein sehr pikantes Bravourstück, duftig instrumentirt, das die Entfaltung des ganzen virtuosen Rüstzeuges in anmuthendster Form gestattet, das meistgespielte Violinstück von Saint-Saëns.

B. GESANGSMUSIK.

Ausser verschiedenen Liedern, die man im Gesammtverzeichniss der Werke findet, hat Saint-Saëns zahlreiche grosse Chorwerke geschaffen, die meist dem geistlichen Stoffgebiet entstammen und zu bedeutend sind, als dass sie auch fernerhin der Vernachlässigung durch die deutschen Concert-Vereine anheimfallen sollten. Sie stehen auf dem festen Boden der von unsern Heroen verewigten Errungenschaften, nur dass sie eine massvolle Bereicherung durch die modernen Ausdrucksmittel erfahren haben. In der Erfindung neuer Combinationen der Gesangsstimmen schlägt der Componist vielfach neue Bahnen ein. Allen diesen Werken lässt sich absolute Stilreinheit, allen contrapunctisch feine, obschon nicht durch Contrapunct erdrückende Arbeit, den meisten überzeugende Tiefe der Empfindung und der Erfindung nachrühmen.

Le Déluge, poème biblique en trois parties de Louis Gallet, Musique de Camille Saint-Saëns, Op. 45 für Soli, Chor und Orchester, 1875 componirt, 1876 veröffentlicht.

Von diesem Werk ist in Deutschland fast nur das Vorspiel bekannt geworden, das in zwei aneinandergeschlossenen Sätzen die Reue Gottes über seinen von der sündigen Menschheit mit Undank belohnten Schöpferact (E-moll, Fugato), sowie (E-dur) die sündhafte Liebe der Sterblichen — so wenigstens nach den Textstellen, an denen diese Motive wiederkehren — nebeneinanderstellt. Ist gleich das zweite Motiv für die verderbensreife Welt zu milde und keusch gerathen und liesse es sich besser auf das Wiedererwachen der göttlichen Barmherzigkeit nach der Vernichtung der Sünder deuten, so raubt dieser Einwand der Einleitung nichts von ihrem intimen Reiz und ihrer Klangschönheit.

Der Tenor berichtet die Verderbniss der Welt, die Vermischung der Engel mit den Erdentöchtern, aus der das Geschlecht der Riesen entstand — mächtig ausschreitendes Riesenmotiv, das in leisem kurzem Fugato weitergeführt wird und zu einem characteristischen Motiv hinüberleitet, in welchem das aussatzartige Wachsen der heimlich schleichenden Verderbniss veranschaulicht wird.

Gottes Strafgericht wird vom Chor in düster bewegtem $^6/_{18}$-Tact verkündet, nur Noah erfreut sich einer milden Färbung (mit dem oft wiederkehrenden Redlichkeitsmotiv). Der zweite Theil ist der Schilderung der
Sündfluth in grosszügigem und erhabenem Tonbilde (Chor und Orchester)
gewidmet. Immer höher und verderblicher steigt unter den Schreckens-
seufzern der Sterblichen der Wasserschwall, um dann wieder (mit langsam
aufsteigenden chromatischen Tönen) das Hervortreten des Landes, den
Wiederanbruch einer besseren Weltenperiode anzudeuten. Im dritten Theil
führen die Flügelschläge der Taube die entzückende Pracht des Frühlings
herbei. Der Herr setzt den Regenbogen als Sinnbild seines Versprechens
ein, fortan die Erde nicht mehr zu verderben (das Redlichkeitsmotiv bildet
den zweiten Theil dieses Versprechens, As-dur $^8/_4$) und gebietet (in breit
ausgeführter Fuge, D-dur, alla breve, Soli und Chor) die Erde neu zu bevölkern. Das ganze Werk ist bei seiner kurzen Dauer (92 Seiten Clavierauszug) leicht in den Programmen der Concertvereine unterzubringen.

La Lyre et la Harpe (à Monsieur Henri Réber de l'Institut), Ode de
Victor Hugo, Soli, Choeur et Orchestre, Musique de Camille Saint-Saëns,
Op. 57, 1879 geschrieben und veröffentlicht.

Das Gedicht will etwa die Verschmelzung christlicher und hellenischer
Anschauung im Herzen des Dichters schildern. Als Vertreterin der ersten
gilt die Harfe, der zweiten die Leyer, die hier jedoch als melodieführendes
Instrument gebraucht wird, während der Harfe die Harmonie zuertheilt bleibt.
Im übertragenen Sinne wird diese als Dolmetsch der christlichen, auf die
Ertödtung der sinnlichen Begierden gerichteten Tugend, die Leyer als Trägerin
froh aufgeweckter Sinnesfreude benutzt. Die Dichtung, deren erhabene Aus-
drucksweise oft an Unverständlichkeit streift, bietet mit ihrem Halbdunkel,
ihren unausgesprochenen Andeutungen der Musik eine dankbare Aufgabe.
Die Helligkeit und Anmuth der Saint-Saëns'schen Tonsprache war so recht
berufen, diesen Text musikalisch zu heben. Die Instrumental-Einleitung
stellt Askese und Lebensfreude knapp nebeneinander. Die erste Nummer
(Leyer) zeigt den Dichter unter den leisen lauschigen Klängen eines duftigen
vierstimmigen Chors in süssem Traum befangen; in der zweiten erweckt ihn
die Harfe zum Leiden und Entbehren (kurzes Altsolo), die dritte Nummer
(Leyer) ruft ihn zum Ruhm, der ihm aus dem dichterischen Schaffen erblüht,
am Schlusse fünfstimmiger Chor mit glänzender Steigerung und kunstvoller
Vielstimmigkeit. Die Harfe (No. 4) weist in einem Alt- und Basssolo auf
die Vergänglichkeit des Sterblichen hin, den unter Schmerzen das Weib gebar.

Eine längere Instrumentaleinleitung, Soli und Chor preisen in No. 5
(Leyer) die Freuden des Gesanges. Eine reizvolle kleine Tonmalerei (En
trois pas H—E—Cis) zeichnet das anmuthige Fugenthema aus, der Satz
gelangt unter wirksamer Gegenüberstellung und Combination von Solo- und
Chorquartett zu ansehnlicher Breite. Entsagungsvoller Ernst durchzieht die
nächste Nummer (Harfe, Tenorsolo und Chor), welche die Mahnung, Gott
zu verkünden, enthält. Adler und Taube, characteristisch auseinandergehalten
bilden die (»Leyer und Harfe« überschriebene) nächste Nummer. Die Liebe,
die weltliche, in der Eros regiert, entfaltet in No. 8 (Leyer, Sopran-, Altsolo
und Frauenchor) ihre Zauberkraft. Ihr tritt in No. 9 (Harfe, Alt- und Tenorsolo) die göttliche Liebe gegenüber.

In No. 10 lädt die Leyer in anmuthig wiegendem Rhythmus (Walzer-character, Baritonsolo) zum Genusse, während das Soloquartett No. 11 mit erhabenem Nachdruck die Nächstenliebe predigt. Die Schlussnummer (12, Chor) fasst die Wirkung der »beiden fernen Stimmen« (der Harfe und der Leyer) zusammen, indem sie den Dichter an des Pindos echoreichen Höhen den Hymnus des Karmel anstimmen lässt, den Hellenismus also durch das Christenthum verklärt.

Der Componist hat ebensoviel Kunst wie Feinheit und Adel der Er-findung aufgeboten und sich hier in seiner vollsten Eigenart bethätigt.

Das Requiem Op. 54, dem Andenken seines verstorbenen Gönners Albert Libon gewidmet, beginnt mit einem sanft klagenden Requiem, beweist im Dies irae, dass die Posaunen des jüngsten Gerichts auch ohne den Aufwand starkbesetzter Sonderorchester ergreifend zu wirken vermögen, zeichnet den Rex tremendae majestatis mit dumpfem Schauer (namentlich im Haupttheil, der mit dem Accord C- E- G- B- Des beginnt), veran-schaulicht das Flehen des Sünders Oro supplex (zuerst in der Folge der Molldreiklänge von F, Es, Des) und überrascht durch die feinsinnige Gegen- und Nebeneinanderstellung der Solisten und des Chors.

Die Messe für vier Stimmen, Soli und Chor stammt aus früher Zeit (Opus 4) und zeigt den Componisten noch im Banne seiner Vorbilder, na-mentlich Bachs und der ältern katholischen Kirchenmusik. Das Kyrie und das Gloria sind sehr breit ausgeführt und von fesselnder Polyphonie. Im Gloria fällt die bedeutende Erfindung des ersten Themas und des nächsten Qui tollis hervor. Das sonst wenig umfangreiche Werk schliesst mit einem knappen aber schönen Agnus. Der Orgel, die das Orchester ersetzt, ist eine dankbare und auch in ihrer Solopartie sehr umfassende Aufgabe zuertheilt. Ein Werk, das sich zur Aufführung in der Kirche vortrefflich eignet.

Das Weihnachtsoratorium (Oratorio de Noël, Opus 12) für Soli, Chor und Orchester beginnt mit einem lieblichen Pastorale und enthält an bemerkenswerthen Sätzen die schöne Mezzosopranarie Expectans, das innig empfundene Tenorsolo mit Chor: Domine ego credidi, den imposanten, milde schliessenden Chor: Quare fremuerunt gentes, das sehr effectvolle Terzett von Tenor-, Sopran- und Baritonsolo Tecum principium mit reiz-voller Instrumentalbegleitung und einer fesselnden Tonmalerei an der Stelle in splendoribus und zeichnet sich gegen das vorgenannte Werk durch grössere Reife der Erfindung und Arbeit aus.

Beides zeigt sich . erheblich gesteigert in dem Psalm Coeli enarrant opus 42. Namentlich der Singstimmen bedient sich der Componist in vielfach ungewohnter Weise. So bildet No. VI ein Soloquartett von zwei Baritonen und zwei Bässen, No. VIII gar ein Solosextett. Auch das Duo für zwei Soprane (No. V) ist in der Stimmung ebenso poetisch wie im Klange angenehm.

Endlich seien auch die zwanzig Motetten der Aufmerksamkeit des deutschen Publikums empfohlen. Sind darunter zwar manche, die zu deutlich die Bestimmung verrathen, in der Kirche gesungen zu werden und sich dem katholischen Ritus anzupassen, so schreiten namentlich No. 1 O salutaris, No. 16 Ave verum und No. 18 Tantum ergo weit über diese Schranken vermöge ihres Kunstwerthes hinaus. In allen diesen Werken wird der aufmerksame Durchblätterer auch vielfach Stücke finden, die sich zur Loslösung und zum Einzelvortrag in geistlichen Concerten eignen.

BIOGRAPHISCHE NACHLESE.

Am 2. Juni 1896 vollzog sich ein denkwürdiges Fest in Paris. Camille Saint-Saëns war soeben von seiner gewohnheitsmässigen Winterreise, die ihn nun schon seit etwa zehn Jahren in südlichere Himmelstriche entführte, zurückgekehrt. Gute Freunde hatten kurz vor seiner Abreise entdeckt, dass an jenem Tage etwa fünfzig Jahre verstrichen sein würden, seitdem der Wunderknabe Camille zum erstenmal den heissen Boden der Oeffentlichkeit betrat, und sie hatten es wirklich durchgesetzt, dass der Jubilar einer Veranstaltung zu seinen Ehren kein Veto in den Weg stellte. Dass das Ganze einen intimen Charakter trüge, fern von dem Brausen der Wogen des musikalischen Tagestreibens, angepasst den feinfühligen Ohren und Nerven von Musikern und Musikfreunden, für die er seine Musik geschaffen, das war seine peinlichste Sorge! Kein grosser Raum, kein sensationslüsternes Publikum. Es ist wahr, der Saal der Pleyel-Wolffschen Clavierfirma, der Raum, in welchem er damals die ersten Triumphe errungen, ist klein und nicht akustisch: er wird sich durch Hinzunahme des im rechten Winkel anstossenden Nebensaals zu einem Doppelsaal erweitern lassen, gross genug, um alle, die es angeht, zu fassen. Zwanzig Francs für das Billet ist ein wenig hoch, aber die Höhe des Preises komme auf die Häupter der guten Freunde, die durchaus ein Jubiläum haben wollten; der bereitwilligen und berühmten Virtuosenkameraden, die an seinem Ehrentage mithelfen würden, um dem Programm erhöhte Anziehungskraft zu verleihen, zählte er überdies genug. Zwanzig Frcs. auf 600 Plätze ergäbe die stattliche Einnahme von 12000 Francs, die . . . einen willkommenen Zuschuss zu seiner Reisekasse bilden würden? »Mit nichten! Jhr wollt womöglich noch Collecte sammeln für einen gehirnerweichten darbenden Componistengreis! Mit dem Solde, den mir meine Werke durch meines Fürsorgers Durand Vermittelung abwerfen. komme ich grade aus, die Zeiten der heissen, kühnen Wünsche liegen längst hinter mir. Und ohne ein kleines Orchester wird's bei dem Jubiläum doch nicht abgehen. Nehmen wir dazu die Quintessenz des Conservatoriumsorchesters! Die Herren haben eine Pensions-, Wittwen- und Waisenkasse. Sie werden nicht unzufrieden sein, wenn der Goldregen der Jubiläumseinnahme in ihre Kasse herniederträuft. Und was das Programm anbetrifft, so glaube ich als erste Nummer nach der obligaten Onvertüre — wie wäre es mit Mozarts Figaro-Ouverture, sie hat den Vorzug, auch mein erstes Concert im Jahre 1846 eröffnet zu haben — desselben Meisters viertes Concert in B-dur, dem nämlich das gleiche Schicksal widerfuhr, vorschlagen zu dürfen. Wenn unter den Zuhörern auch keiner sein wird, der mich damals hat auffliegen sehen, die Grundmauern des Hauses Pleyel, die sich durch alle Stukateur- und Tapezierer-Arbeiten unversehrt erhalten haben, werden sich freuen, wieder von den nämlichen Klängen in Schwingungen zu gerathen. Ich bin das den Mauern schuldig, denn sie haben lange keinen Mozart gehört, besonders in unserer dissonanzenreichen Zeit, und sie wollen auch gern einmal in Jugenderinnerungen, in der Freude an der Consonanz, schwelgen«.

»Die übrigen Nummern? Wohlan, blättern wir ein wenig in meinen gesammelten Werken! Nein, ich bin noch nicht alt genug, um die Feder niederzulegen und nicht oft noch ein schaffenslustiges Kribbeln in den Fingern zu verspüren. Schreiben wir für den Tag ein neues Clavierconcert, das fünfte in der Reihenfolge. Wie stehts mit dem kleinen Sarasate, ist er dann in Paris? Um so besser, übrigens weiss ich, dass, wäre er auch in Russland oder der neuen Welt, er mich bei diesem Anlass nicht im Stich lassen würde. Ich will mich also weiter in Unkosten stürzen und für meinen lieben keuschen Freund, der den süssesten Geigenton besitzt, den man je vernommen, eine neue Violinsonate schreiben. Taffanel wird als Leiter des Orchesters ebenfalls gegenwärtig sein, er wird mir die Freude nicht versagen, meine Romanze für Flöte und Orchester zu spielen, gern brächte ich Massenet, meinen Gesinnungsgenossen auf dem Operngebiet, der so wohl daran gethan, sich auf ein einziges Kunstgebiet zu beschränken, während ich mich von der Oper zur Kammermusik und von da zur Symphonie getrieben fühle, eine kleine Huldigung dar, sie ist ja schon fix und fertig, ich spiele also meine Paraphrase über seinen »Tod der Thaïs«, nun, und wenn ihr noch eines Lückenbüssers bedürft, so nehmt die Einleitung zum zweiten Act meiner Phryne, da habt ihr ein Jubiläums-Programm. Adieu, ich gehe inzwischen auf die canarischen Inseln, um eurem Winter zu entfliehen; besorgt die Vorbereitungen im nächsten Frühjahr und bangt nicht wegen pünktlicher Ablieferung der Novitäten. Im Süden schafft sich's leicht und wie von selbst.«

Es war alles so eingetroffen, wie es geplant war. Schon seit Tagen waren die Billets vergriffen. Was Paris nur an Vornehmen der Geburt und des Geistes beherbergte, war am Abend vertreten. In dem Scheitelwinkel der beiden Sälchen war die Estrade aufgestellt, auf der das kleine Orchester Platz nahm. Man gewöhnte sich bald an den eigenthümlichen Umstand, dass die Insassen des einen Saals von denen des andern nichts gewahrten, zwei Planeten in Conjunction mit der strahlenden Sonne in der Mitte, gewöhnte sich bald an die Schmalheit des Saals, bald auch an die mittelmässige Akustik, die nichts von der verschönernden und verklärenden Tragkraft der kleinen Berliner Säle oder der St. James' Hall in London aufwies, sondern die Töne schmucklos und ein wenig nüchtern dem Hörer übermittelte.

Man weiss ja, wie das Conservatoire-
Orchester beschaffen ist, wie sich der alte
Schönheitskultus dort vererbt und trotz des
Wechsels der Generationen unveräusserlich
erhält, hat doch selbst der radicale Wagner
dessen hohes Lob gesungen. Bestrickend ist
diese Grazie, diese ausserordentliche Natürlichkeit, mit der die Musiker Passagenwerk
und Phrasirung behanhandeln; es ist eine
Kunst, die »nicht im Geringsten schwitzt«.

Unter betäubendem Händeklatschen,
stürmischen Begrüssungsrufen erscheint der
Jubilar, »Musiker seit fünfzig, Meister seit
dreissig, bewunderter Liebling des Publikums
seit zehn Jahren«, wie ihn de Fourcaud in
der zur Erinnerung an das Jubiläum veröffentlichten Festschrift[7]) nennt, um sein neues
Clavierconcert vorzuführen. Er scheint erregt

Sarasate.

und gerührt, stockt auf halbem Wege, holt einige Blättchen aus der Brust-
tasche und liest, während seine anfangs ein wenig zitternde Stimme sich
immer mehr befestigt und während die gewohnten Fältchen des Humors und
der leichten Satire wieder Auge und Lippen zu umspielen beginnen:

Ein halb Jahrhundert schwand, seitdem ein Bürschchen klein,
Zehnjährig, kränklich, zart, von gelblich-blassem Teint,
Doch voll Vertraun, naiv, von Schaffensdrang erfüllt,
Geblendet von der Kunst verführerischem Glanz,
Auf der Estrade hier zum ersten mal sich kühn
Mit einem Beethoven und einem Mozart mass.
Er wusste nicht, was er da that; doch eine Fee, —
Gar manchem unter euch ist sie nicht unbekannt —,
Sie wusste, that für ihn und führt' ihn an der Hand
Gen das erwünschte Ziel, den harten Pfad entlang
Der Arbeit und der Pflicht. Die wundervolle Frau
War einem Herzenswunsch seit langer Zeit zum Bann,
Der war: ihr erstes Kind der Töne Kunst zu weih'n.
Unkund, ob's ihm zum Heil, zum Uebel nicht gerieth,
Liess sie davon nicht ab, bis sich der Wunsch erfüllt.
Allein wer käme wohl dem Wunsch der Mutter nah'!
Von dieser Zauberwelt, die sie im Ruhmeslicht
Für ihren Sohn geträumt, erhofft, drang nur ein Schimmer
Auf mich herab. Doch hat sie manchmal glauben wollen,
Als schon ihr Haar ergraut, voll zarter Mutterliebe,
Dass ich ihr Hoffen nicht getrogen, das sich »Traum«,
So lang' gehegt wie heiss, nicht immer reimt auf »Schaum«,
Ihr, die ihr sie gekannt, o wollt es weitersagen,
Welch milder Himmelsglanz ihr Lächeln einst verklärt.
Ein halb Jahrhundert! Nun, 's ist viel und es ist wenig!
War's gestern nicht? Ich seh' hier noch die bunte Menge.
Maleden und Tilmant, des Tactstocks wackern Meister,

Stamaty, die der Kunst Geheimniss mich gelehrt,
Den Beifall hör' ich noch, der sonderbar genug,
Dem scheuen Kinde schien ein trüg'rischer Morast,
Dess' zähe, trübe Fluth mich zu verschlingen drohte,
Und den ich fürchtete und, o wie gern, vermied,
Indess Gleichgültigkeit mir ihre Maske lieh.
O grüne Unschuld, die auf immerdar entfloh'n!
Nun hab' ich Unglücksmensch auch Symphonie'n verbrochen,
Tonwerke, die bald Lob, bald Hohn und Spott erwarben,
Wie's denn so kam. Das Meer ist auch nicht immer gütig,
Heut ist es himmelblau, und morgen schwarz wie Tinte.
Die Kunst ist wie das Meer, gar launig, wandelbar,
Sie fuhrt zur Hölle uns, dann zeigt sie uns den Himmel,
Nach oben geht die Bahn, der Aufstieg sei gewagt,
Du ringst und mühst Dich ab, sparst nicht die letzten Kräfte,
Schon öffnet sich das Thor, als dem enttäuschten Blick
Es sich verschliesst und du die Nase dran zerbrichst.
Doch bald ist man gefasst, die holde Zaubermuse
Verscheucht liebkosend dir die Falte aus der Stirn.
Was sag' ich noch? Ich war ein Kind vor fünfzig Jahren.
Für die Estrade wohl noch viel zu jung, wie jetzt
Zu . . nein! Schwamm drüber! Nun, was hilft's! es hat geschneit,
Man sieht's mir an, der Lenz der Jugend ist entflo'hn,
Die flinken Finger sind vom Alter mir beschwert,
Jedoch wer weiss! Wohl glimmt das Feuer noch am Herd,
Ihr macht mir Muth, schon werd' ich wieder jung und kühn,
Vielleicht gelingts mir heut', die Asche aufzuglüh'n.

Die Scene, die nun folgte, ist leichter zu erleben als zu beschreiben. Für den deutschen Beobachter bildete es eine Genugthuung zu erleben, dass das leichtbewegliche, nicht allzu scrupulöse Pariser Publikum, das einen Berlioz lange vernachlässigt, einen Bizet mit dem Gram über den Misserfolg seiner schönsten Oper hatte sterben sehen, seine einstimmige Begeisterung durch seine gewähltesten Vertreter dem Sechzigjährigen angedeihen liess, der sie nicht gesucht hatte, der sie an sich herankommen liess, der nie der Mann der starken Ellenbogen, der geschickten Reklamenotizen gewesen war, eine weitere Genugthuung, dass die sonnig lächelnde, allem Schwulst und Nebel, allen Keulenschlägen abholde Kunst eines Saint-Saëns am Ausgange des Jahrhunderts zu solchen Ehren kam. Denn darüber, dass in den neuen Compositionen, die hier ihre Feuertaufe erbeten, der ganze Zauber und die volle Reife der Saint-Saëns'schen Muse ausgegossen war, wenn auch andre Werke von ihm eine frischere Eigenart bekundeten, darüber konnte dieser Beobachter eben so wenig in Zweifel sein, wie über das andere, dass die Würdigung, die ihr hier von dem intelligentesten Areopag des französischen Volks bereitet wurde, auf gründlichem Verständniss beruhte.

Von Sarasates Spiel, der füglich mehr ein Deutscher genannt zu werden verdient als ein Spanier oder Franzose, da in Deutschland die Wiege seines Ruhms stand und er hier immer noch im Zenith seiner Beliebtheit steht, genügt es einen Accord der alten Lobesharfe anzustimmen. Wohl bildete Taffanel, obschon er die sanfte Flöte seit mehreren Jahren mit dem Tactstock

Fest-Concert zu Ehren Saint-Saëns' bei dem 50jährigen Jubiläum seines ersten Concerts (1846—1896).

vertauscht hat, den er als ausgezeichneter Musiker schwingt, für den deutschen Gast eine Ueberraschung. Die Flöte wächst durch ihn zu ihrer vollen Individualität heraus, sie beginnt zu singen und zu sprechen, zu seufzen, zu jubiliren, und den Hörer überkommt das sichere Gefühl der völligen Abwesenheit jeder einengenden Schranke für die Ausdrucksfähigkeit des Instruments, weil der Virtuos ihm nicht zumuthet, was nicht seiner innersten Natur gemäss wäre.

Was Saint-Saëns in seinen Versen schüchtern erhofft hatte, ging über Erwarten in Erfüllung, und aus der »Asche« sprühten ganze Funkengarben hervor. Er war wirklich der alte geblieben, und am Schluss entwickelten seine »altersschweren Finger« eine so erstaunliche Behendigkeit, Leichtigkeit und Durchsichtigkeit, dass er seine Befürchtungen vollends Lügen strafte.

Taffanel.

Nach dem Concert sah Herr Lyon, der Vertreter der Pleyel-Wolff'schen Clavierfabrik, der schon während des Concerts den Jubilar mit einer herzlichen Ansprache gefeiert hatte, in seinem gastlichen Hause einen grossen Theil der Hörer bei sich, und so gelang es dem deutschen Gaste, seine alte Bekanntschaft mit Saint Saëns zu erneuern. Dieser war rosigster Laune und sprach dem Champagner sowie den Mundvorräthen wacker zu, da er den Concerttag begreiflicher Weise bei Schmalhans zu Gaste gewesen war und Tage und Nächte gearbeitet hatte, um das Notenmaterial fertig und seine Finger geschmeidig zu bekommen. Ein ganz klein wenig waren sie nämlich doch auf Teneriffa eingerostet. Sonst bildet der alte Knabe auch darin eine Ausnahme, dass er den eigentlichen Clavierdrill nur im äussersten Nothfall betreibt, wenn es wie diesmal galt, die Unterlassungen des ganzen Winters einzuholen, neue Passagen einzuüben; ein vollkommnes Ebenbild seines Freundes Sarasate, der bekanntlich seine Geige, ausser in Proben und Concerten und zum Aufziehen neuer Saiten, nicht anrührt, der bei sich zu Hause oft eine technische Schwierigkeit verfehlt, um sie vor dem Publikum in filigranhafter Ausmeisselung vor den entzückten Ohren seiner Bewunderer auszubreiten, ein Antäus, der aus der Berührung mit dem Publikum ungeahnte Zauberkräfte saugt. So Saint-Saëns, der ausser in jungen Jahren sich nie mit der Lösung technischer Probleme abzugeben brauchte, weil sie sich mühelos seiner Hand entlösten. Diese Organisation wurzelt augenscheinlich weniger in der Struktur seiner Finger, an denen nichts aussergewöhnliches zu entdecken ist, als in der Beschaffenheit seines Geistes, der sofort die leichteste und gründlichste Methode, eine Schwierigkeit zu bemeistern, herausfuhlt, sie liess ihm denn Zeit, sich in die musikalische Literatur nach Herzenslust zu vertiefen. Wir haben in Deutschland an Hans von Bülow, an Nikisch gewiss hervorragende musikalische Mnemotechniker kennen gelernt. Es scheint, und kein Geringerer als Liszt ist der Bestätiger dieser Meinung, dass Saint-Saëns sie alle in den Schatten stellt. Man darf antippen was man will, er kennt das Alte und

6*

das Moderne, stutzt vor keinem noch so verstaubten und vergilbtem Noten-
heft und zagt nicht, sich in jedem Moment in den Strudel der allermodernsten
Begebenheiten zu stürzen. Unvergesslich sind jedem Musiker, der den Vorzug
hatte, mit ihm einige Stunden des intimen Verkehrs zu verbringen, diese
»Ausgrabungen«, mit denen er seine Besucher dann wohl in Staunen setzt.
Die seltensten, kaum den Fachleuten bekannten Mozart'schen Concerte, Orgel-
compositionen des Thomaner Cantors, alte französische Literatur, vergessene
deutsche Frühromantiker lässt er in unerschöpflicher Spiellaune am Hörer
vorübergleiten, und das niedliche Stückchen, dass, als der Musikantenvater
beim Vortrag einer seiner Compositionen stecken blieb, da sein Gedächtniss
versagte, der Gedächtniss-Simson Saint-Saëns an's Clavier eilte, um den
unterbrochenen Faden zu Ende zu spinnen, hat der Verfasser dieser Schrift
in Bayreuth erlebt; es wird ihm von anderer Seite aus einer Soiree der
Fürstin Metternich in Paris im Jahre 1867 bestätigt, nur war das Stück
damals ein ganz anderes!

Dass ein solches Gedächtniss sich auf eine aussergewöhnliche Geschicklichkeit im Vomblattlesen gründen muss, ist klar, wo soll sonst die Zeit her-
kommen, den unabsehbaren Notenstoff aufzunehmen, wenn dessen Zufuhr
durch langsames Aufnehmen erschwert wird.

Bei Carl Tausig, dem zweitbedeutendsten unter den drei genialsten
Nachfolgern Liszts: Rubinstein, Tausig, Bülow, der seinem strengen und zu
seinen Lebzeiten zu wenig verstandenen Wirken durch einen frühzeitigen
Tod entrissen wurde (er starb 1871 im Alter von nicht ganz 30 Jahren),
wartete einmal ein Besucher im Clavierzimmer; auf dem Notenpult lag die
Partitur der Meistersinger, an deren Clavierübertragung Tausig arbeitete.
Der Fremde hatte sich mit der Unverfrorenheit des grossen Musikers und
des Manns von Geist, der selbst die Augenblicke des Wartens nicht
verloren gehen lassen will, an's Clavier gesetzt und »frass Noten« aus
der Orchesterpartitur. Soviel hörte Tausig wohl heraus, an einzelnen Irr-
thümern in den Versetzungszeichen, der Stimmung der Hörner, dass der
Fremde keine Kenntniss der Oper besitzen könnte, dennoch erschien ihm
die Art der Bethätigung dieser damals wie eine Monstruosität angestaunten
Partitur so unheimlich und übermenschlich, dass er, noch mit einem Hemd-
kragen in der Hand, hinausstürzte, um sich den Wundermann anzusehen.
Es war Saint-Saëns. . .

Im Aussehen war der Jubilar ganz dem Typus des beweglichen kleinen
Gelehrten treu geblieben, nur dass das Haar ein wenig nachgebleicht hatte.
In der Unterhaltung war er ganz der alte. Das lispelte ihm in jugendlich
heller Stimmfärbung von den Lippen wie ein hurtiges Bergbächlein, wobei
denn manchesmal die Worte sich fast zu überkugeln und übereinander zu
purzeln schienen. Nichts von der bedachtsamen, und wenn von Musik die
Rede war, etwas abwartenden, im Hinterhalt verharrenden, sarkastisch schweig-
samen Art eines Brahms, nichts von dem schwerverständlichen in geistreichen
Schlagwörtern hervorbrechenden Gestammel eines Liszt, der schönrednerischen
Salbung eines Gounod.

Wohl lassen sich Spuren seiner leichten Erregbarkeit oft in seinem
Spiel verfolgen, wo sie sich in stete innere Lebhaftigkeit umsetzt, freilich
auch zuweilen namentlich in schnellen Sätzen eine Uebereilung des Zeit-
masses im Gefolge hat. Bei seiner eleganten und leichten Behandlung

der Passage, die in einer Tonleiter von wundervoller Glätte gipfelt, geht dann gern die Technik mit ihm durch, wie noch in seinem Jubiläumsconcert, wo das Passagenwerk einem emporschiessenden Raketenfeuer glich, wie in seinem gern von ihm gespielten vierten Concert, in seiner Kammermusik. Eigenthümlich ist dagegen seine Vorliebe für gemässigte Zeitmaasse in denselben Sätzen, sobald er die Rolle des Ausübenden mit der des Zuhörers vertauscht. »Nur nichts übereilen«, so lautet die Mahnung, die er gern den Künstlern auf die Estrade mitgiebt, »immer noch ein wenig zu schnell«, nicht selten die Kritik, mit der er sie nach gethaner Arbeit empfängt.

A Saint-Saens, auctor da ultima dança macabra

Caricatur aus einem spanischen Witzblatt.

Diese Erregbarkeit im höhern Sinne, die ihn nie rasten, die ihn jede neue fesselnde Erscheinung ganz in sich aufnehmen, freilich ihr auch selten die Treue sans phrase halten lässt, hat auch manchen Frontwechsel verursacht, der ihm wie Bülow schuldgegeben wird, im Leben wie in der Kunst. Mit Liszt seit langen Jahren verknüpft — der thematische Catalog verzeichnet einen aus dem Jahre 1858 stammenden, im Jahre 1866 veröffentlichten Männerchor: Veni creator, als dem »Abbate Liszt« gewidmet —, wurde er von diesem so völlig in den Wagnerschen Bannkreis gezogen, dass er lange Jahre hindurch als der Hauptvertreter der Wagnerschen Propaganda in Frankreich galt. Während er seine Vorliebe für Liszt stets beibehalten hat, ist er der Wagnersache immer mehr untreu geworden, er hat ihr sogar eine thätige Opposition entgegengetragen, die deren Siegeslauf freilich nur verzögert, nicht aufgehalten hat. Diese Abkehr hatte doch auch ihre tiefliegenden Gründe. Es war von vornherein klar, dass ein solcher Verfechter der Schönheit in der Musik, ein so gewiegter Handhaber der symmetrischen musikalischen Form sich wohl an dem Wagnerschen Drama berauschen, aber nicht dessen System aneignen konnte. Im Samson ist wohl das Wagnersche Vorbild ein wenig zu spüren, von dem er sich dann später bewusst und absichtsvoll emancipirt hat, indem er das Feld des Musikdramas völlig dem jungfranzösischen Nachwuchs überliess. Auch weiss er bei der Schätzung der Lisztschen Werke auf Grund seiner Individualität das ihm Zusagende, Formvollendete, von Geist Durchtränkte von dem mehr Zerfahrenen und äusserlich Wirkungsvollen sehr wohl zu unterscheiden. Seine Auslassung über das »lyrische« Drama, die in der Ascanio-Nummer der Nouvelle Revue zu finden ist, darf als seine Rückkehr zu seiner durch das Aufleuchten des Wagnerschen Gestirns vorübergehend aus dem Gleichgewicht gebrachten geistigen Normallage aufgefasst werden: »Nachdem man das lyrische Drama aus den Fesseln hat befreien wollen, über die alle klarsehenden Geister seufzten, ist man so weit gegangen, alle übrige Musik ausser derjenigen des modernen lyrischen Dramas als der Aufmerksamkeit der intelligenten Leute unwürdig zu erklären; man hat ferner die Musik verrenkt, indem man den Gesang zu Gunsten der Deklamation vollständig unterdrückte, wobei man das eigentlich musikalische Element in die bis zum Uebermaass entwickelte Orchesterpartie verlegte! Weiter hat man der letzteren jegliche Abwägung, jedes Gleichgewicht geraubt, man hat sie nach und nach der Formschönheit entkleidet und sie in einen unergründlichen und flüssigen Brei verwandelt, der dazu bestimmt ist, Erregungen zu erzeugen, auf das Nervensystem zu wirken — und jetzt will man uns sogar weissmachen, dass auch das schon ein überwundener Standpunkt ist .... Man hat uns ein Bild des Musikdramas entworfen — die Bezeichnung »lyrisches Drama« entspricht schon nicht mehr den Ideen der Gegenwart — so wie es beschaffen sein müsste, um die Vollendung zu erreichen. Ein Stoff im wesentlichen symbolischer Art, wenig Handlung; die Personen als personificirte Ideen gedacht, nicht als handelnde Wesen von Fleisch und Bein. Und, von einer Schlussfolgerung zu anderen, ist man dann zu dem Entschluss gelangt, das ideale Drama sei eine nicht zu verwirklichende Chimäre und man dürfe überhaupt nicht mehr für das Theater« — er meint für die Bühne, wie sie augenblicklich besteht — »schreiben« (sondern für eine Idealbühne nach dem Vorgange von Bayreuth). »Mit solchen Uebertreibungen kommt man dazu, für die alte italienische Oper nur noch ein tiefes Bedauern zu hegen. Das war freilich ein armseliges, plattes Ding, aber es war dennoch ein feingemeisselter, mit mehr oder minder Fröhlichkeit vergoldeter Rahmen, in welchem von Zeit zu Zeit bewundernswerthe Sänger erschienen, die eine ausgezeichnete Schule genossen hatten. Das war auf alle Fälle besser als nichts. Hat man keine Ambrosia, so ist es besser trocken Brot zu essen als Hungers zu sterben.«

Es stehen in diesem Glaubensbekenntniss Worte, denen jeder Unparteiische wird zustimmen können, und die nichts mit Eifersucht, mit dem Wunsch, sich einer führenden Partei an die Spitze zu stellen, zu thun haben. Saint-Saëns ist ja in der glücklichen Lage, gleich Wagner seine Theorien durch die künstlerische That erhärten zu können. Jedenfalls beweisen seine Opern, dass er vollkommen ehrlich genommen werden muss, dass er sein Urtheil aus der Bethätigung seiner künstlerischen Individualität geschöpft hat, nicht dass er die Opern nach dem Recept einer vorgefassten Theorie geschrieben. Absurd gar und seiner ganzen musikdramatischen Schreibweise widersprechend ist die Behauptung, er habe wagnerisch geschaffen und antiwagnerisch geurtheilt

Nur durch eine grossartige Einseitigkeit, durch eine höchste Steigerung des Selbstgefühls kommen alle grossen Thaten zu Stande. Der Ersinner grosser Dinge hält sich im Augenblick für den unter Tausenden Auserwählten, sein Erzeugniss für das allein gültige, das »erlösende«, wie Wagner und seine Jünger sagten. Nun bleibt ja in den meisten Fällen später der Augenblick der Ernüchterung nicht aus, die Himmelspforte klappt zu. Bei manchen freilich, bei denen jene Steigerung des Selbstgefühls chronisch geworden, stellt sich die Ernüchterung in geringerem Grade ein. Saint-Saëns gehörte schon in Folge seines hohen Bildungsstandes immer zu den Bescheidenen und Nüchternen, die bei der künstlerischen Rangstellung, die sie erringen, die tausend widerstreitenden Interessen des wirbelnden Weltgetriebes in Rechnung ziehen.

Trotzdem wird auch er ein wenig »borstig«, als jemand seiner dritten Symphonie innere Harmonie und die Berechtigung der Anhäufung so zahlreicher Ausführungsorgane abspricht. Er schreibt an Adolphe Jullien am Tage, nachdem dessen Artikel erschien, folgendes Billet:[8]) »Endlich einmal ein feindlicher Artikel! So fehlt denn nichts meiner Symphonie zum Ruhme, die auf ein solches Schicksal kaum gefasst war. Ihre patriotische Entrüstung betreffs Englands« — weil die Symphonie, bevor sie in Paris aufgeführt wurde, bei den Londoner Philharmonikern die Feuertaufe erlebte — »und das ‚schreckliche Geräusch der Orgel' hat mich sehr amüsirt. Ich erwarte mit Ungeduld Ihren Artikel über Proserpine.« Jullien schreibt dazu: »Nichts, sagt mein liebenswürdiger Briefschreiber, fehlt zu seinem Ruhme. Zum meinigen auch nicht, weil ein Artikel von mir genügt hat, um einen Componisten von einer solchen Bedeutung bis zu diesem Grade aufzuregen.«

Theatre de S. Carlos

Serobicos nuassaricos, quem vos deu tamanhos livos?

Caricatur aus einem spanischen Witzblatt.

Man sieht wieder einmal, wie gefährlich es ist, mit Journalisten anzubinden, nicht nur weil sie das letzte Wort haben, sondern auch weil sie oft Witz genug besitzen, um im Kampf der Meinungen keinen Hieb schuldig zu bleiben. Der Leser soll des Vergnügens nicht beraubt sein, die weiteren Ausführungen Julliens über diesen Fall zu vernehmen, es sind Worte, die auf 365 Tage im Jahr Anwendung finden. Er fährt fort: »Aber nicht deswegen theile ich hier den Brief vollständig mit, sondern weil er einen bizarren Geisteszustand offenbart, weil er zeigt, auf welche Weise ein Musiker von diesem Werth, der in seinen verlornen Augenblicken selber Kritiken schreibt, die Studien liest, welche man ihm widmet und besonders wie er sie auffasst. Sind denn die Künstler immer die gleichen! wollen sie nur den groben Weihrauch der demüthigen Lobeserhebungen, die überall herumgeschleppt wurden, in sich aufsaugen, und werden sie nie einen Artikel von rein sachlicher Erörterung würdigen, in welchem doch durch jede Zeile eine besondere Hochachtung für ihr Talent durchbricht? Ein feindlicher Artikel! patriotische Entrüstung? In der That, ich träume! Und wenn die Orgel kein Geräusch hervorbringt, schreckliches oder nicht, warum hat er sie angewandt? Saint-Saëns sagt, er erwarte mit Ungeduld meinen Artikel über Proserpine. Nun, er wird so ausfallen, als ob er mir nichts geschrieben hätte; aber wie wird er sich darin verrechnen. Er wird weder so absprechend sein wie er hofft, noch so reich an Lob wie er es fürchtet.« Wenn man den hohen Werth der dritten Symphonie bedenkt, so wird man Saint-Saëns entschuldigen müssen; hätte es sich um eine minder grossartige Schöpfung gehandelt, er würde gewiss die Pfeile des Spottes im Köcher gelassen und ihr Zurückprallen auf den Schützen verhütet haben. Von seinem besonderen Fall abgesehen, ist freilich zu befürchten, dass Julliens treffliche Worte unbeherzigt verklingen werden und dass, aus den oben angeführten Gründen, die Zwistigkeiten zwischen Kritikern und Kritisirten erst mit dem Ende aller schöpferischen und kritischen Thätigkeiten verschwinden werden. Und schliesslich spricht auch die Tageskritik, so gründlich und einsichtsvoll sie verfahren mag, nicht das letzte Wort, sondern die Geschichte. Nun, und wer da gesehen hat, wie zuweilen Geschichte »gemacht« wird, der wird auch ihre Gerechtigkeit nicht in allen Fällen als unfehlbar erachten. »Verbreiten wir Licht und Wahrheit soviel wir können, es ist davon niemals genug in der Welt«, sagt Vater Gounod, und darnach mögen Componisten und Kritiker handeln, damit wir dem Idealerzeugniss der möglichsten Wahrhaftigkeit auf Erden wenigstens so nahe kommen als möglich.

Saint-Saëns' grosse Liebe zur Natur, zum einsamen Wandern durch weltferne Gegenden ist schon im Aufang erwähnt worden. Seinen Streifzügen verdanken wir nicht wenig kleine Herzensergiessungen, Einfälle einer glücklichen augenblicklichen Schreiblaune, die uns den intimen Saint-Saëns näher bringen. Schon aus dem Jahr 1887 theilt Jullien (a. a. O., S. 325) ein Briefchen mit: »Algier, 17. Nov. 1887. Ich habe heute meine grosse Arbeit begonnen. Ich habe einen völlig ruhigen Winkel gefunden, wo ich mich wundervoll befinde, denn es ist warm zum Schwitzen. Freundschaftlichst C. S-S«. Es darf verrathen werden, dass dem Componisten nie wohler, nie componirseliger um's Herz ist, als wenn die Fenster aufstehen und er sich in Hemdsärmeln befindet, wie die Musiker im Bayreuther verdeckten Orchester, ein Vergnügen, das er sich im Winter freilich erst so um den dreissigsten Breitegrad herum erlauben darf. Eine ganze Anzahl von Briefen aus der Zeit vor der Entstehung des Ascanio stellt der Textdichter der Oper, Gallet, dem Herausgeber der Nouvelle Revue für die schon erwähnte Ascanio-Nummer zur Verfügung, um ihn und seine Leser für das gänzliche Ausbleiben irgendwelcher Nachrichten von Seiten des verschollenen Componisten zu trösten: »Seine Briefe«, so fügte Gallet seiner Gabe hinzu, »bringen mir stets eine amüsante Ueberraschung. Bald zeichnet, malt er, oder er schmiedet im Verlauf des Briefes Verse. Geht er beispielsweise in den Gärten von Algier spazieren, so pflückt er dort eine Blume, die ihn erfreut und verewigt ihre Zeichnung in Aquarellfarben. Bewundern Sie einmal dies Muster der afrikanischen Flora! Oder er legt mir auf einer kleinen Seite in kalligraphischen, in Zinnoberfarbe gezeichneten Schriftzügen, und mit seinem wohlbekannten Monogramm unterzeichnet, die Frage vor:

29 MAI MDCCCLXXXXII

J'ai 2 places pour aller
Salammbôter demain
Lundi.

—

Si vous voulez être gentil, vous
viendrez me prendre chez moi
à 6 h ½ ; nous ferons un
petit dîner sommaire en préparation
et nous irons à l'Opéra
après quoi nous causerons avant
de nous séparer.

C. Saint-Saëns

Hôtel Bedford
Rue de l'Arcade

BRIEF SAINT - SAËNS'.

Original im Besitze des Musikhistorischen Museums des Herrn Fr. Nicolas Manskopf
in Frankfurt a. M.
(Bezieht sich auf eine Aufführung von E. Reyer's „Salammbo".)

Neitzel, Saint-Saëns.

Haben Sie Nachrichten von der grossen Oper? Oder auch er ziert die
Buchstaben aus, lässt sie auf Goldgrund, Blümchen oder Arabesken leuchtend
hervortreten, oder er wirft eine Abbildung von der Villa in Isly (einem Dorf
bei Algier) auf's Papier, in der er den Ascanio vollendet hat.«

Die ersten beiden Briefe stammen wieder aus Algier: »Das Wetter
ist schlecht und seit einigen Tagen verhältnissmässig kalt; mehr hat nicht
gefehlt, um meinen Hals ausser Rand und Band zu bringen. Sobald schönes
Wetter und Wärme sich wieder eingestellt haben, gehe ich von Neuem auf's
Land, in eine entzückende kleine Villa, die durch einen unverhofften Glücks-
fall grade von ihren Insassen verlassen ist; sie ist nicht allein ein Blätternest,
wie Colombe d'Estourville in Ascanio singt, sondern auch ein Blumennest,
mit einer Aussicht! In diesem äusserst günstigen Milieu werde ich die Skizze
von allem, was noch zu thun bleibt, aufnehmen, um sie nicht mehr zu unter-
brechen; zurückkehren werde ich erst, sobald ich geendigt habe.«

Der Brief ist mit einer Ansicht der Villa verziert. Der nächste beginnt
mit einer Initiale, aus der sich eine Blume mit Laubblatt heraushebt.

»Schon seit zwei Wochen arbeite ich nichts wegen des schlechten
Wetters. Wenn ich sage, ich thue nichts, so täusche ich mich; ich vollführe
einen siegreichen Kampf gegen meine furchtbare Blutarmuth. Das Wetter ist
warm genug für mein Wohlbefinden, aber das ist nicht genug zum Arbeiten.
Heute hat sich ein Sturm entfesselt, der sicher eine Aenderung des Wetters
herbeiführen wird; ich werde mich dann wieder an die Arbeit bei offenem
Fenster setzen können, und da ich in meinem neuen Wohnsitz einen Garten
voller Blumen habe, mit dem Meer und den Bergen als Hintergrund, so
wird das ausgezeichnet von Statten gehen. Ich denke darüber nach, wie ich
mich mit Thieren umgeben kann, um meine Einöde zu bevölkern. »Einöde«
ist zum Lachen, da ich nur fünf Minuten zu Fuss von der Stadt entfernt
bin und ich es mir keineswegs versage, dort hinzugehen. Ich setze meine
Erziehung auf dramatischem Gebiete fort; neulich habe ich (im Theater in
Algier) »Rocambole« gesehen; es ist der Gipfel der Lächerlichkeit, doch
findet sich unter dem ganzen Plunder eine sehr schöne Scene, die — abgesehen von dem Mittelsatz, wo die Personen in Bewegung gerathen — derjenigen des vierten Acts im Propheten ähnlich ist. Man erstaunt, dass die
ernste dramatische Kunst im Niedergange begriffen ist. Das ist doch sehr
einfach. Man hat sie getödtet mit diesen Werken ohne Ueberzeugung, in
denen das Handwerk das wahre Talent und die Phantasie ersetzt. Benvenuto
Cellini ist mir dagegen wie ein lauterer Diamant erschienen, man fühlt, dass
der Verfasser an sein Werk geglaubt hat, und dann hat er sich beim Niederschreiben Mühe gegeben. Es handelt sich nicht darum, das Theater neu zu
formen, wie man so gern zu sagen pflegt, sondern es wieder auf seine
Füsse zu stellen, es wird ganz von selber gehen.« In Bezug auf seine Arbeit
hat er zu bemerken: »Dieser ganze erste Act ist sehr lebendig und ergötzlich. Die Scene des Bettlers ist eigens für die Musik in die Welt gesetzt. Sie werden ja sehen. Es ist das eine Note, die schon Gounod und
Massenet angestimmt haben, aber ich glaube, man wird sie mit Vergnügen
wieder hören. Wie schade, nach Paris zurückzukehren und mein Instrument«,
— er meint seine Schaffenslaune — »das in der Einsamkeit und in der
lauen Wärme dieses blauen Himmels so herrlich schwingt, zu verstimmen.«

Saint-Saëns hatte damals noch nicht sein Ballet Javotte geschrieben, und er unterzog sich der Arbeit, dies umfassende Balletprogramm des Ascanio in Musik zu setzen, nicht ohne die erklärliche Abneigung des feinen Musikers gegen das Nichts-als-Ballet. Der Stoff fing jedoch an, ihn immer mehr zu interessiren. »Dies Ballet ist entzückend.« Nach weiteren Streifzügen kommt er nach Frankreich zurück, besucht in Saint-Germain die Ausstellung, wo ihn die Clavierabtheilung zu einem poetischen Erguss drängt, der zu aufrichtig war, um vollständig durch Druckerschwärze wiedergegeben zu werden, und der in freier Verdeutschung lautet:

>Dieser tödlichen Claviere
Welche Unzahl jeder Art!
Holz ist alles, was ich spüre,
Ein'ges weich, das andre hart.
Pianisten, fürchterliche,
Schleichen blass und ohne Ruh!
Ich gehörte einst dazu,
Darum kenn ich ihre Schliche
Zahle Fersengeld im Nu.«

Humoristisch und dabei nicht einer poetisch sehnsüchtigen Stimmung entbehrend ist endlich der Abschiedsgruss, den er Gallet aus Cadix unter dem 30. November 1889 sendet, bevor er den Blicken seiner Freunde und der musikalischen Welt gänzlich entschwindet:

>Heil dir, Insel, zauberschöne,
Die ein Wogenkranz umflicht:
Wolf und Geier, Schlang', Hyäne
Stören meinen Frieden nicht.
Gruss euch, bunte Blumenmatten,
Labsal für den trunknen Blick,
Gruss dir, Ulme, deren Schatten
Schirmt den bösen Galgenstrick.
Und des Künstlers heisses Trachten,
Der das Publikum berennt,
Und die tapfern Redeschlachten
In dem hohen Parlament,
Und die Oper, wo der »Sterne«
Ruhm und Aerger auch gedeiht,
Alles, alles lass' ich gerne
Ohne Klage, ohne Neid.
Heil dir, Friede, der da stillet
Was an Sorge blieb zurück,
Deinem Jugendborn entquillet
Mir Vergessenheit und Glück.«

Neben dieser Liebe zur Natur, die so tief in der Seele des Componisten eingewurzelt ist, dass sie ihn zum menschenscheuen Sonderling macht, ist es seine Dankbarkeit gegen seine Mutter und gegen Liszt, die so leuchtend aus seinem Charakterbilde hervorstrahlt, dass kleine Flecken, die es aufweisen möchte, als unscheinbar verschwinden. Seiner Mutter hat er die oben mitgetheilten Verse gewidmet, die in ihrer zartfühlenden Discretion ganze Bände sprechen, Liszt das bedeutendste Werk seines Lebens. Wenn man den Blick auf das Hervorstechende und Wesentliche richtet, so wird man, wie Gounod es hinsichtlich seiner Werke thut, auch an seinem Charakter den grossen Zug herauserkennen.

Nur einen Wunsch birgt Saint-Saëns noch in der innersten Falte seines Herzens. Dem aufmerksamen Leser des Catalogs seiner Werke wird derselbe sich schon von selbst aufgedrängt haben. Er lautet: ein Werk in der höchsten und feinsten Gattung zu schreiben, die unsre herrliche Kunst aufzuweisen hat. Hoffen wir, dass der warme Süden, der seine Schaffenslust so mächtig anregt, ihn bald in den Stand setzt, diesem Wunsch zu willfahren und den Freunden jener Gattung das zu schenken, wofür er in vielleicht zu weit getriebener Scrupelhaftigkeit bis jetzt seine Kraft noch nicht als gereift genug erachtete, ein schönes Streichquartett.

ANHANG I.

Anmerkungen.

---

¹) Die bedeutende, noch jetzt in Paris lebende geistvolle und elegante Pianistin.

²) Der eigenthümliche Reiz dieses Intervalls und seine Verwendung zur Erzeugung von Mischstimmungen ist, wie die ganze Programmmusik, nicht erst neuern Datums, wie denn die meisten Kunsterscheinungen embryonal schon wenigstens in den Meisterwerken der Vergangenheit eingeschlossen liegen und es sich bei ihrer Wiedergeburt mehr um eine schärfere Ausprägung, um eine Herausschälung eines Princips aus abschwächenden und überwuchernden Nebensachen handelt. So weist auch Wagners musikdramatischer Stil u. a. in den Recitativen Glucks, einer Elvira, der Erzählung der Donna Anna von dem nächtlichen Ueberfall Don Juans sein Prototyp auf, von dem er sich nur durch die Bereicherung des Ausdrucks, durch die grössere Energie und sinngemässere Accentuirung und Melodieführung der Declamation unterscheidet. Es liegt in der menschlichen Natur, dass ein Künstler das von ihm verfochtene Princip als das alleinseligmachende und als überstrahlend über alles vorhergegangene ansieht und dabei der Stufen, die seine Vorgänger in den Fels der Kunst eingehauen und die er nur bequem hinaufzusteigen brauchte, vergisst. Eine charakteristische Verwendung der elegischen Note bringt Beethoven im ersten Satz seiner Abschiedssonate Opus 81 a, in welchem das Ces, kleine Sext von Es und vor dem zweiten Thema das Ges, kleine Sext von B, die Trübung der Freude (genauer gesprochen, der Seligkeit, die beide Freunde an ihrem Beieinandersein empfinden) durch den ·Gedanken an die bevorstehende Trennung bewirkt.

³) Wie schon aus Vitus Kritik im Figaro hervorging, nimmt das Ballet einen grossen Theil ein. Der Textdichter ist bei seiner Entwerfung einer alten Urkunde gefolgt, aus der hervorgeht, dass schon damals die hohen Herren sich weidlich an choreographischen Künsten ergötzten, und dass, so wenig sich die höchsten Würdenträger weltlicher Macht sonst auch leiden mochten — man erinnert sich der Schlacht von Pavia, in deren Verlauf Franz I. von Karl V. geschlagen und gefangen wurde, sowie der sich anschliessenden langwierigen Fehden —, doch jeder etwas springen liess (in Bezug auf das Ballet sogar buchstäblich), sobald er seinen Gegner zu Gaste bei sich sah. Die Urkunde trägt die Ueberschrift: »Fest, welches auf Befehl seiner Majestät des Königs Franz zu Ehren des sehr erlauchten (très-magnifique) Kaisers Karl von Spanien, Königs der Römer, Erzherzogs von Oesterreich, im Palast von Fontainebleau veranstaltet werden wird. Entworfen durch die Bemühungen des Herrn Benvenuto Cellini aus Florenz und vom Italienischen ins Französische übertragen durch Loys de Coq.« In der Einleitung wird nicht verfehlt anzuordnen, dass der ganze Raum zwischen den Terrassen für die Spiele und Ballets leer bleiben muss. Ein »schöner Marsch, gespielt von Oliphanten, Trompeten, Buccinen, Trommeln, Geigen, Flöten, Oboen und allen andern Streich- und Blasinstrumenten der Symphonisten, welche auf den Terrassen aufgestellt sind, im Balletorchester sitzen oder im Zuge marschiren«, macht den Beginn. Damals erachteten die Herrscher es noch nicht unter ihrer Würde, an solchen Festen thätigen Antheil zu nehmen, wenigstens zu Anfang: »Ihre Majestäten (Los Sires) der König und der Kaiser kommen an, jeder durch seinen besonderen Säulengang, begegnen einander, grüssen und umarmen sich und steigen dann zusammen in die Königsloge«. Demgemäss wird auch das ganze Ballet noch mehr zu seinen hohen Patronen in Beziehung gebracht, wie aus der ersten Programmnummer, dem »Erwachen der Nymphe von Fontainebleau« hervorgeht. »Bei den Klängen alter Flöten wird sie erwachen und, nachdem sie sich erhoben, den König begrüssen, wobei sie ihm in ihrer anmuthsvollen Gebärdensprache sagt, sie sei hier zu seinem Dienst und im Begriff, für ihn und seine Gäste, Herren und Damen, alles herbeizurufen, was er, der bekannte allmächtige (!) Gönner, Diener und sanfte Freund der Schönheit, der Wissenschaft und Künste, liebe und begünstige.« Nachdem die Nymphen, Najaden, Dryaden ihre Pas' in einem Bacchanal beendet haben, erscheint umgeben von den Musen Phoebus-Apollo, der wieder das Erscheinen Amors ankündigt. Bei dessen Beschreibung zeigt sich unser Erläuterer Benvenuto nicht ohne Humor: »Wird alsbald von den Stufen der

Wasserkunst herabsteigen: Amor, verkörpert als junges und reizvolles anmuthendes Fräulein, das von Cupido nur den diamantenen Pfeil in der Hand hat und sich auch im Uebrigen sehr weiblich benimmt (se montrant très femme) und zwar deswegen, weil das Weib der Sitz der Göttlichkeit und der Liebesmacht ist und weil nur durch den Spott oder anmuthige Phantasie die Mythologen, Maler und Bildner daraus ein Kind geschaffen haben,« er lässt sich sogar zu einer pikanten Wendung herbei: »und in Erwägung dessen, dass man ebenso wohl weiss, wie Amor es ist, der die Kinder schön und geschickt (dextrement) zu gestalten weiss«. Bei Amors Anblick beginnt der ganze Olymp hin und her zu hüpfen wie von Fliegen gestochen (se met à frestiller comme picqué de mouches). »Jetzt beginnt ein toller Hetzkampf zwischen Amor und den Uebrigen, die ihn einzufangen suchen, während er sich ihnen durch tausend Schelmereien, stets dieses oder jenes Paar mit seinem Pfeile stechend, entzieht. Doch er lässt den König merken, dass er nicht blos in der Vorhalle des sinnlichen Wohlgefallens stehen bleibt, dass er auch die Seelenschönheit verehrt, als deren Verkörperung er eine »kindliche und jungfräuliche Psyche, ganz schüchtern und erröthend, wie eine Hagebuttenblüthe im Mai« beruft. Und damit auch er nicht wegen seiner äusseren Reize von ihr gesucht werde, verbirgt er sich mit dichtem Schleier und stellt sich schlafend. Sie, neugierig wie alle Frauen, selbst die jüngsten, entschleiert sein Gesicht. Als sie sich in seinen Anblick bereits zum zweiten mal vertiefen will, bestraft Amor ihre Neugier dadurch, dass der Schleier leer ist. »Diese Nutzanwendung soll beweisen, dass in der wahren Liebe die vornehmste Tugend in der Discretion besteht, ohne welche es keine dauernde Freude giebt.« Psyche geht untröstlich mit aufgelösten Haaren davon, indem sie sich anklagt, ihr Glück verscherzt zu haben. Unterdess bringt der Wächter des Gartens der Hesperiden, »obschon Drache, doch als hübsches Weibchen gekleidet«, den goldnen Apfel, den Amor nach dem Vorgange des »Schäfers vom Idagebirge« an die Schönste zu verleihen sich anheischig macht. Juno, Pallas, Venus wetteifern in der Entfaltung ihrer Reize. Er, »entgegen ihrem Wunsche, behält den Apfel, um ihn anmuthig, unter allgemeinem Beifallsklatschen«, in welchem, da es anbefohlen wird, der Anfang der Claque zu erblicken ist, »den Händen der Frau Herzogin d'Etampes zu übereichen . . . étant la Belle des Belles.« (Abgedruckt in der erwähnten Ascanio-Nummer.)

4) Die Bezeichnung Drame lyrique oder italienisch Dramma lirico entspricht nicht ganz unserm Musikdrama, insofern das lyrische Drama noch mehr Gewicht auf die Musik, vor allem auf die lyrischen Episoden, auf die zur Austönung von mächtigen Empfindungen der handelnden Personen dienenden Ruhepunkte legt, als das deutsche Musikdrama.

5) Bei Paul Dupont in Paris erschienen.

6) Das Aufführungsrecht sämmtlicher Theaterwerke des Componisten ist durch Alb. Ahn, Köln und Leipzig, zu erwerben.

7) Le Juhilé de C. Saint-Saëns à l'occasion du Cinquantenaire de son premier Concert Salle Pleyel an 1846, Paris 1896.

8) Ad. Jullien, Musiciens d'aujourd'hui, S. 309.

Zur Beilage Seite 84:

*) Salammboter bezieht sich auf eine Aufführung von E. Reyers Salammbo. Nur die, so im Rathe der Spötter sitzen, werden dabei an das klanglich naheliegende Wortspiel sale-embêter, das etwa dem deutschen »sich mörderlich mopsen« entspricht, denken.

ANHANG II.

VERZEICHNISS SÄMMTLICHER WERKE*)

Compositionen mit Opuszahlen.

(c. = componirt; v. veröffentlicht)

Op. 1. Drei Stücke für Harmonium, c. 1852, v. 1858. No. 1 Méditation, No. 2 Barcarolle, No. 3 Prière.

Op. 2. Erste Symphonie (Es) für Orchester, c. 1852, v. 1855.

Op. 3. Sechs Bagatellen für Clavier, c. 1855, v. 1856.

Op. 4. Messe für 4 Solostimmen und Chor, mit Orchesterbegleitung, grosser Orgel und begleitender Orgel, c. 1856, v. 1857.

Op. 5. Tantum ergo, Chor für 2 Sopran-, 2 Alt-, 2 Tenor- und 2 Bassstimmen mit Orgelbegleitung, c. 1856, v. 1868.

Op. 6. Tarantelle für Flöte und Clarinette mit Orchester- oder Clavierbegleitung, c. 1857, v. 1857.

Op. 7. Rhapsodien über bretonische Gesänge für Orgel, c. 1866, v. 1866.

Op. 8. Sechs Duette für Harmonium und Clavier, c. 1858, v. 1858.

Op. 9. Bénédiction Nuptiale für Orgel, c. 1859, v. 1865.

Op. 10. Scene aus »Horace« von Corneille für Sopran und Baryton, c. 1860, v. 1861.

Op. 11. Duettino für Clavier zu vier Händen, c. 1855, v. 1861.

Op. 12. Weihnachtsoratorium für Sopran, Mezzo-Sopran, Tenor, Baryton, Chöre mit Begleitung von Streichquintett, Harfe und Orgel, c. 1858, v. 1863.

Op. 13. Elévation ou Communion für Harmonium, c. 1865, v. 1865.

Op. 14. Quintett (A-moll) für Clavier, 2 Violinen, Bratsche und Violoncell, c. 1855, v. 1865.

Op. 15. Serenade für Clavier, Orgel, Violine und Viola oder Cello, c. 1866, v. 1868.

Op. 16. Suite (D-moll) für Cello und Clavier, c. 1862, v. 1866

Op. 17. Erstes Clavierconcert (D-dur) mit Orchesterbegleitung, c. 1862, v. 1875.

Op. 18. Erstes Trio (F-dur) für Clavier, Violine und Cello, c. 1863, v. 1867.

Op. 19. Die Hochzeit des Prometheus, Cantate für Solostimmen, Chöre und Orchester, Text von Romain Cornut, c. 1867, v. 1867.

Op. 20. Erstes Violinconcert (A-dur) mit Orchesterbegleitung, c. 1859, v. 1868.

Op. 21. Erste Mazurka (G-moll) für Clavier, c. 1860, v. 1868.

Op. 22. Zweites Clavierconcert (G-moll) mit Orchesterbegleitung, c. 1868, v. 1868.

Op. 23. Gavotte (C-moll) für Clavier, c. 1871, v. 1872.

Op. 24. Zweite Mazurka für Clavier, c. 1871, v. 1872.

Op. 25. Orient und Occident. Marsch, c. 1869, v. 1870.

Op. 26. Persische Gesänge für Singstimme mit Clavierbegleitung, Gedichte von Armand Renaud, c. 1870, v. 1872.

---

*) Nach dem thematischen Catalog (Paris, Durand).

Op. 27. Romanze für Clavier, Orgel und Violine, c. 1868, v. 1868.

Op. 28. Introduction und Rondo capriccioso für Violine mit Orchesterbegleitung, c. 1863, v. 1870.

Op. 29. Drittes Clavierconcert (Es) mit Orchesterbegleitung, c. 1869, v. 1875.

Op. 30. La princesse jaune, s. Werke für Theater.

Op. 31. Le Rouet d'Omphale. Symphonische Dichtung, c. 1871, v. 1872.

Op. 32. Sonate (C-moll) für Clavier und Cello, c. 1872, v. 1873.

Op. 33. Concert für Cello (A-moll) mit Orchesterbegleitung, c. 1872, v. 1873.

Op. 34. Marche héroïque für Orchester, c. 1871, v. 1871.

Op. 35. Variationen für zwei Claviere über das Menuett aus der Sonate Op. 31 No. 3 von Beethoven, c. 1874, v. 1874.

Op. 36. Romanze (F-dur) für Horn (od. Cello) mit Orchester- oder Clavierbegleitung, c. 1874, v. 1874.

Op. 37. Romanze (Des) für Flöte (od. Violine) mit Orchester- oder Clavierbegleitung, c. 1871, v. 1874.

Op. 38. Berceuse (B) für Clavier und Violine, c. 1871, v. 1874.

Op. 39. Phaëton, symphonische Dichtung, c. 1873, v. 1875.

Op. 40. Danse macabre, symphonische Dichtung, c. 1874, v. 1875.

Op. 41. Quartett (B) für Clavier, Violine, Viola und Cello, c. 1875, v. 1875.

Op. 42. Coeli enarrant, Psalm XVIII für Solostimmen, Chöre und Orchester, c. 1865, v. 1875.

Op. 43. Allegro appassionato für Cello mit Clavier- oder Orchesterbegleitung, c. 1875, v. 1875.

Op. 44. Viertes Clavierconcert (C-moll) mit Orchesterbegleitung, c. 1875, v. 1877.

Op. 45. Le Déluge. Biblische Dichtung in drei Theilen von Louis Gallet, deutsche Uebersetzung von Mosenthal, c. 1875, v. 1876.

Op. 46. Les soldats de Gédéon, Doppelchor für 4 Männerstimmen ohne Begleitung. Text von Louis Gallet, c. 1876, v. 1876.

Op. 47. Samson et Dalila (siehe Werke für Theater).

Op. 48. Romanze (C-dur) für Violine mit Clavier oder Orchester, c. 1874, v. 1876.

Op. 49. Suite für Orchester. No. 1: Präludium. No. 2: Sarabande. No. 3: Gavotte. No. 4: Romanze. No. 5: Finale, c. 1863. v. 1877.

Op. 50. La Jeunesse d'Hercule, symphonische Dichtung, c. 1877, v. 1877.

Op. 51. Romanze (in D) für Cello mit Clavierbegleitung, c. 1877, v. 1877.

Op. 52. Sechs Etuden für Clavier, c. 1877, v. 1877.

Op. 53. Zwei Chöre über Gedichte aus Victor Hugo's »l'art d'être grand-père«. No. 1: Chanson de grand-père, Chor für 2 Frauenstimmen. No. 2: Chanson d'ancêtre für Barytonsolo und Männerchor, c. 1878, v. 1878.

Op. 54. Requiem für Solostimmen, Chor und Orchester, c. 1878, v. 1878.

Op. 55. Zweite Symphonie (A-moll), c. 1859, v. 1878.

Op. 56. Menuett und Walzer für Clavier, c. 1878, v. 1878.

Op. 57. La Lyre et la Harpe, für Solostimmen, Chor und Orchester, Ode von Victor Hugo, c. 1879, v. 1879.

Op. 58. Zweites Violinconcert (C-dur) mit Orchesterbegleitung, c. 1858, v. 1879.

Op. 59. König Harald Harfagar, nach Heinrich Heines Ballade für Clavier, vierhändig, c. 1880, v. 1880.

Op. 60. Suite Algérienne für Orchester. Prélude, Rhapsodie mauresque, Rêverie du soir (à Blidate), Marche militaire française, c. 1880, v. 1881.

Op. 61. Drittes Violinconcert (H-moll) mit Orchesterbegleitung, c. 1880, v. 1881.

Op. 62. Concertstück für Violine mit Orchesterbegleitung, c. 1880, v. 1880.

Op. 63. Une nuit à Lisbonne, Barcarole für Orchester, c. 1880, v. 1881.

Op. 64. Jota Aragonese für Orchester, c. 1880, v. 1881.

Op. 65. Septett für Trompete, Clavier, 2 Violinen, Viola, Cello und Contrabass, c. 1881, v. 1881.

Op. 66. Dritte Mazurka (H-moll) für Clavier, c. 1882, v. 1883.

Op. 67. Romanze für E-Horn mit Clavier (aus der Suite Op. 16), c. 1885, v. 1885.

Op. 68. Zwei Chöre mit Clavierbegleitung (ad lib.), c. 1882, v. 1883.

Op. 69. Hymne an Victor Hugo für Orchester und Chor (ad lib.), c. 1881, v. 1884.

Op. 70. Allegro appassionato für Clavier, c. 1884, v. 1884.

Op. 71. Zwei Chöre für 4 Männerstimmen ohne Begleitung, Text von T. Saint Félix, c. 1884, v. 1884.

Op. 72. Album für Clavier, c. 1884, v. 1884.

Op. 73. Rhapsodie d'Auvergne für Clavier und Orchester, c. 1884, v. 1884.

Op. 74. Saltarelle. Chor für 4 Männerstimmen ohne Begleitung, Gedicht von Emile Deschamps, c. 1885, v. 1885.

Op. 75. Erste Sonate (D-moll) für Clavier und Violine, c. 1885, v. 1885.

Op. 76. Wedding Cake. Caprice-Valse für Clavier und Streichinstrumente, c. 1885, v. 1886.

Op. 77. Polonaise für 2 Claviere, c. 1886, v. 1886.

Op. 78. Dritte Simphonie (C-moll), c. 1886, v. 1886.

Op. 79. Caprice über dänische und russische Weisen für Flöte, Oboe, Clarinette und Clavier, c. 1887, v. 1887.

Op. 80. Souvenir d'Italie für Clavier, c. 1887, v. 1887.

Op. 81. Albumblatt für Clavier, vierhändig, c. 1887, v. 1887.

Op. 82. La Fiancée du Timbalier, Ballade von Victor Hugo, für Gesang und Orchester, c. 1887, v. 1888.

Op. 83. Havanaise für Violine und Orchester, c. 1887, v. 1888.

Op. 84. Les Guerriers, Chor für 4 Männerstimmen ohne Begleitung, Gedicht von G Audigier, c. 1888, v. 1888.

Op. 85. Les Cloches du Soir für Clavier, c. 1889, v. 1889.

Op. 86. Pas redoublé für Clavier, vierhändig, c. 1887, v. 1890.

Op. 87. Scherzo für 2 Claviere, vierhändig, c. 1889, v. 1890.

Op. 88. Valse canariote für Clavier, c. 1890, v. 1890.

Op. 89. Africa. Phantasie für Clavier und Orchester, c. 1891, v. 1891.

Op. 90. Suite für Clavier. Präludium und Fuge, Menuett, Gavotte, Gigne, c. 1891, v. 1892.

Op. 91. Chant saphique für Cello und Clavier, c. 1892, v. 1892.

Op. 92. Zweites Trio (E-moll) für Clavier, Violine und Cello, c. 1892, v. 1892.

Op. 93. Sarabande et Rigaudon für Orchester, c. 1892, v. 1892.

Op. 94. Concertstück für Horn, c. 1887, v. 1893.

Op. 95. Phantasie für Harfe, c. 1893, v. 1893.

Op. 96. Caprice Arabe für 2 Claviere, c. 1894, v. 1894.

Op. 97. Thème varié für Clavier, c. 1894, v. 1894.

Op. 98. Pallas Athene. Hymnus für Sopran und Orchester. Gedicht von J. L. Croze, c. 1894, v. 1894.

Op. 99. Drei Präludien und Fugen für Orgel, c. 1894, v. 1894.

Op. 100. Souvenir d'Ismaïlia für Clavier, c. 1895, v. 1895.

Op. 101. Phantasie für Orgel, c. 1895, v. 1895.

Op. 102. Zweite Sonate (Es-dur) für Clavier und Violine, c. 1896, v. 1896.

Op. 103. Fünftes Clavierconcert (F-dur) mit Orchesterbegleitung. c. 1896, v. 1896.

Op. 104. Valse Mignonne für Clavier, c. 1896, v. 1896.

Op. 105. Bercense für Clavier, vierhändig, c. 1896, v. 1896.

Compositionen ohne Opuszahl.

A. Gesänge, Duette, Chöre.

Aimons-nous. — Alla riva del Tebro. Madrigal. — Amour viril. — A quoi bon entendre. — L'attente. — Au Cimetière. — A voice by the cedar tree. — La Brise. — Canzonetta Toscana. — Chanson à boire du Vieux temps. — Le Chant de ceux qui s'en vont sur mer. — Clair de Lune. — La Cloche. — La Coccinelle. — Les Cygnes. — Danse macabre. — Dans les coins bleus. — Dans ton coeur. — Désir de l'Orient. — El Desdichado. Bolero für 2 gleiche Stimmen. — L'Enlèvement. — Etoile du Matin. — Extase. — Les Fées. Mit vierhändiger Clavierbegleitung. — La Feuille du Peuplier. — La Fiancée du Timbalier. — Fière Beauté. — Guitare. — Guitares et Mandolines. — Là-bas. — Le Lever de la Lune. — La Libellule, Walzer. — Madeleine. — La Madonna col Bambino, Lobgesang. — Maria Lucrezia. — Le Matin. — Menuet. — La Mort d'Ophélie, Ballade. — My Land. — Night-song to Preciosa.

— Le Pas d'Armes du Roi Jean, Ballade. —
— Pastorale, Duettino. — Peut-être. — Plainte.
— Pourquoi rester Seulette? Bergerié Watteau.
— Présage de la Croix. — Primavera. —
Rêverie. — Le Rossignol. — Sabre en Main.
— Sérénade. — Sérénade d'Hiver, Chor für
4 Männerstimmen ohne Begleitung. — La
Sérénité. — Si vous n'avez rien à me dire. —
Le Soir descend sur la colline, Barcarole für
Alt und Tenor. — Soirée en Mer. — La Soli-
taire. — Le Sommeil des Fleurs. — Souvenances.
— La Splendeur vide. — Suzette et Suzon.
— Tournoiement. — Tristesse. — Une Flûte
invisible, Gesang mit obligater Flöte. — Vénus,
Duett für Tenor und Baryton. — Viens, Duettino
für Sopran und Baryton. — Vive Paris, Vive la
France, einstimmiger Gesang mit Clavierbeglei-
tung. — Vogue, vogue la galère. Barcarole
mit Clavier- und Harmonium- (ad lib.) Begleitung.

40 Gesänge und Duette in zwei Bänden
(enthaltend die vorstehend verzeichneten Gesänge).
10 Lieder und Gesänge, französischer und
deutscher Text, Uebersetzung von O. Neitzel
und F. Gumbert. — 10 Songs and duets
französischer und englischer Text, Uebersetzung
von Fr. Bonner:
Rêverie — Soirée en mer — Extase —
La cloche — L'enlèvement — Le sommeil des
fleurs — Le pas d'armes du roi Jean —
L'attente — Viens (Duettino) — Pastorale
(Duettino).
Zehn Lieder (Originale und aus Opern):
Sérénade — Menuet — À quoi bon entendre — Chant de ceux qui s'en vont —
Demande à l'oiseau — Guitare — Le bonheur
est chose légère — Maria-Lucrezia — Nature
souriante — Le papillon et l'étoile.

B. Religiöse Musik
(lateinischer Text) für eine und mehrere Stimmen.

Ave Maria für Sopran. — Ave Maria für
Baryton. — Ave Maria für Sopran. — Ave
Maria für 2 gleiche Stimmen. — Ave Verum
für 2 gleiche Stimmen. — Ave Verum, Chor
für 2 Sopran- und 2 Altstimmen, Orgel und
obligates Horn. — Ave Verum, Chor für Sopran,
Alt, Tenor und Bass. — Coeli enarrant (siehe
op. 42). — Deus Abraham für Mezzo-Sopran. —
Inviolata für Altstimme. — O Salutaris für
Mezzo-Sopran. — O Salutaris, Terzett für Sopran,
Alt und Baryton. — O Salutaris, Terzett für
Sopran, Alt und Baryton. — O Salutaris (Es).
— O Salutaris, zweistimmig für Tenor und
Baryton. — O Salutaris für Alt. — Pie Jesu

für Bass. — Sub tuum für 2 gleiche Stimmen.
— Tantum ergo für Sopran, Mezzo-sopran, Alt
und einstimmigen Chor (ad lib.). — Tantum
ergo (Es) Chor. — Veni Creator, Chor für
2 Tenöre und 2 Bässe mit Orgelbegleitung
(ad lib.).

4 Lobgesänge:
Heureux qui du coeur de Marie, Solo für
Mezzo-sopran oder einstimmigen Chor. — O
Saint autel für 3 gleiche Stimmen, Soli und
Chor. — Pour vous bénir, Seigneur, für 3 gleiche
Stimmen, Soli und einstimmigen Chor. — Reine
des Cieux, Solo für Mezzo-sopran oder ein-
stimmigen Chor.

C. Clavier-, Orgel- und Kammermusik.
Original-Compositionen.

Ascanio, 2 Transcriptionen für Clavier.
No. 1: Scène du Mendiant. No. 2: Danse de
l'Amour. — Le Cygne, Melodie für Cello und

Clavier. — Phantasie für Orgel. — Henry VIII.,
Quartett für Clavier übertragen. — Romance
sans paroles (H-moll), für Clavier.

D. Transcriptionen.

Andante aus der 36. Symphonie von Haydn
für Clavier. — Capriccio für Clavier über Tanz-
weisen aus Gluck's Alceste. — Chanson des
Maucroix von J. Durand, für Clavier. — Choeur
des Derviches tourneurs, aus Beethoven's Ruinen
von Athen. — Hymne de la Fête de Pâques
aus Berlioz' Fausts Verdammung, für Clavier. —

Improvisation über die Beethoven-Cantate von
F. Liszt, für Clavier. — La Isleña von Pala-
dilhe, Paraphrase für Clavier. — Kermesse de
Faust von Gounod, für Klavier. — Kermesse et
Valse de Faust von Gounod. — La Mando-
linata von Paladilhe, Paraphrase für Clavier. —
Marche religieuse aus Lohengrin, für Clavier,

7

Violine und Orgel. — Menuett aus Orpheus von Gluck, für Clavier übertragen. — La Mort de Thaïs von Massenet, Concertparaphrase für Clavier. — Paraphrase über Gallia von Gounod, für Clavier. — Cadenzen zum G-dur-Clavierconcert von Beethoven. — Präludium aus der 6. Violinsonate von J. S. Bach, Violine und Clavier. — Sarabande von J. S. Bach, für Violine mit Clavier oder Orchester. — Valse de Faust von Gounod, für Clavier. — Scherzo des Pêcheurs de Perles von Bizet, für Clavier. — Scherzo aus Mendelssohn's Sommernachtstraum, für Clavier

Zwölf Transcriptionen von J. S. Bach für Clavier: 1. Ouverture zur 28. Kirchencantate. 2. Adagio aus der dritten Kirchencantate. 3 Andantino aus der achten Kirchencantate. 4. Gavotte in H-moll aus der 2. Violinsonate. 5. Andante aus der 3. Violinsonate. 6. Presto aus der 35. Kirchencantate. 7. Introduction et Air aus der 15. Cantate. 8. Fuge aus der fünften Violinsonate. 9. Largo aus der 5. Violinsonate und Recitativ und Arie aus der 30. Cantate. 10. Gavotte in E aus der 6. Violinsonate. 11. Air aus der 36. Cantate. 12. Chor aus der 30. Cantate.

Drei Transcriptionen für Clavier aus Beethovens Quartetten: 1. Adagio, 2. Scherzo, 3. Finale.

Werke für Theater.[*]

Musik für Antigone. — Ascanio. — Dejanira. — Etienne Marcel. — Henry VIII. — Javotte. — Phryne. — La Princesse jaune. — Proserpine. — Samson et Dalila. — Le Timbre d'argent. — Frédégonde. — Le malade imaginaire.

[*] Vgl. den Abschnitt: »Werke für Theater« Seite 27 u. Folge.

NACHTRAG.

Erst nach Vollendung dieser Biographie kommt dem Verfasser eine ebenso sachkundig wie anziehend geschriebene Studie von Georges Servières über Saint-Saëns in dessen La Musique française moderne (Paris, G. Havard-Fils) zu Gesicht. Ergötzlich ist die Einführung, die Servières seinem Helden auf den Weg giebt. »Saint-Saëns ist klein von Wuchs. Der Kopf ist äusserst eigenartig, die Züge sind charakteristisch. Eine grosse Stirn, breit und offen, wo sich zwischen den Augenbrauen männliche Thatkraft und Zähigkeit und die Haare gewöhnlich kurz geschnitten, der Bart graumelirt kastanienbraun« (er ist inzwischen erheblich nachgebleicht). »Eine Adlernase, durch zwei tiefe Furchen an den Nasenlöchern unterstrichen, die Augen sehr beweglich, sehr ausdrucksvoll, ein wenig wagerecht zum Kopf«. Am Schluss theilt Servières mit, wie sich in Saint-Saëns' Geist die Zukunft der Tonkunst malt: »Die Musik ist augenblicklich an der Grenze ihrer jetzigen Entwickelungsphase angelangt, die Tonalität, welche die moderne Harmonie erzeugt hat, ringt mit dem Tode. Um die Ausschliesslichkeit der beiden Dur- und Mollgeschlechter ist es geschehen. Die alten Tonarten kehren auf den Schauplatz zurück und in ihrem Gefolge werden die Tonarten des Orients, deren Mannigfaltigkeit eine ungeheure ist, ihren Einzug in die Kunst halten. Alles das wird der erschöpften Melodie neue Elemente zuführen, sie wird in eine neue nicht wenig ergiebige Aera treten; auch die Harmonie wird sich darnach richten, und der kaum ausgebeutete Rhythmus wird sich entwickeln«.